Ils savent tout de vo

Du même auteur, chez le même éditeur

Un petit boulot, 2003
(et « Piccolo » n° 28)

Une canaille et demie, 2006
(et « Piccolo » n° 51)

Tribulations d'un précaire, 2007
(et « Piccolo » n° 61)

Trois hommes, deux chiens et une langouste, 2009
(et « Piccolo » n° 76)

Arrêtez-moi là !, 2011
(et « Piccolo » n° 87)

Iain Levison

Ils savent tout de vous

Traduit de l'anglais (États-Unis)
par Fanchita Gonzalez Batlle

LIANA LEVI *piccolo*

Titre original : *Mindreader*

ISBN : 978-2-86746-885-8

www.lianalevi.fr

1

Si on lui avait demandé quand exactement tout avait commencé, Snowe aurait dit que c'était au moment où il avait frappé le toxico devant la pharmacie DaVinci. Depuis environ une semaine il se sentait… réceptif. Comme s'il pouvait ressentir les émotions des autres.

Le mercredi, après son service, il avait su que la femme qui trottait sur le tapis de course à côté de lui dans la salle de sport était contrariée, et il avait vaguement compris que c'était à cause de son compagnon. Sur le moment, ça lui avait paru être une simple idée en l'air. Le lendemain matin au café, en allant travailler, il avait senti que la fille derrière le comptoir était épuisée, déprimée, et qu'elle avait la gueule de bois. Il imagina qu'elle pensait « mon Dieu, vivement la fin du service ». Mais n'importe qui aurait pu en faire autant. Même dans ses meilleurs jours ce n'était pas la plus gaie des serveuses, et toute personne ayant un brin d'empathie aurait remarqué chez elle des signes de souffrance. Plus tard, il avait senti que le type à la station-service était tendu parce que son fournisseur d'herbe était en retard, mais n'importe qui aurait pu deviner d'un simple regard la raison de son anxiété évidente.

En revanche, lorsqu'il frappa le junkie, il comprit qu'il se passait quelque chose. Il ressentait sa peur et sa douleur, et quand le gamin essaya de lui échapper, il sut qu'il avait souvent été battu, par son père, et qu'il revivait un de ces moments-là, sans penser au présent. Snowe fut tellement secoué par cette révélation qu'il lâcha le gamin. Au lieu de tenter de fuir, celui-ci se laissa glisser contre la grille devant la pharmacie et tendit les poignets, attendant que Snowe lui passe les menottes. Elles lui étaient familières.

« Désolé », dit Snowe, troublé par ce qu'il voyait et éprouvait. Jamais encore il ne s'était excusé face à un délinquant, surtout si celui-ci s'était jeté sur lui en essayant de fuir. Le junkie venait de sortir de la pharmacie par la fenêtre donnant sur la ruelle, les poches bourrées de flacons de pilules, et aussi agité qu'une paire de maracas. Tcha tcha tcha au trot dans la ruelle, mais en voyant Snowe il avait poussé un cri de panique, son rythme s'était accéléré, tcha tcha tcha tcha, il ne pouvait aller que droit sur Snowe, ce qu'il avait fait, en criant et en essayant de paraître plus costaud et plus effrayant qu'il n'était. Il se droguait depuis trop longtemps pour avoir grand-chose sur les os, Snowe, lui, faisait beaucoup de sport et avait une alimentation régulière, le combat serait inégal. Snowe n'avait pas levé la main pour le frapper mais plutôt pour qu'il s'arrête. Et c'est là que tout avait commencé.

« Lève-toi », dit Snowe, et le gamin répétait *Mon Dieu, Mon Dieu, oh merde, je savais que c'était une mauvaise idée.* Or il ne disait rien, il restait là par terre, les poignets tendus devant lui. Ses lèvres ne remuaient pas, mais Snowe l'entendait. *J'avais dit à Tony que DaVinci avait une putain d'alarme silencieuse ! Je lui avais dit.* Il débitait des litanies de peurs et de regrets, et Snowe le regardait, en essayant de s'expliquer pourquoi il entendait ce qui n'était pas dit. Ce n'était pas de l'empathie. Ce n'était pas du bon sens. C'était quelque chose d'autre, de nouveau et de bizarre.

La règle était de menotter le gamin par terre, mains derrière le dos, parce qu'on ne sait jamais ce que vont faire ces gars-là. Ils pourraient s'emparer de votre arme, ils pourraient en avoir une. Mais Snowe n'était pas inquiet, pas du tout. Il *savait* que le gamin n'était pas armé, il *savait* qu'il n'allait pas faire de difficultés. Le gamin avait jeté l'éponge. Il se demandait comment se passer de drogue en prison. Il se rappelait l'avoir fait un an plus tôt, ç'avait été très dur, il chiait et vomissait toutes les vingt minutes devant trois autres types furieux qu'il les empêche de dormir. Il se détestait d'être retombé dans la même situation, et il ne lui venait pas à l'idée de causer des ennuis au flic qui l'avait frappé au visage.

« Lève-toi », répéta Snowe, et le junkie le regarda en se demandant s'il pouvait encore s'en sortir. Le flic était seul. Mais il allait en arriver d'autres, le gamin le savait, celui-là n'était que le premier à se montrer. Il fallait faire quelque chose, dire quelque chose avant que les renforts se pointent, quelque chose qui pousse ce flic à le laisser partir.

« Je ne vais pas te laisser partir, dit Snowe. Tu as pénétré dans un local commercial par effraction et tu as volé des marchandises. »

Le junkie parut surpris. *Ce flic est malin. Il devine ce que je pense. Et il a l'air sympa. Il s'est excusé de m'avoir frappé. Je peux m'en tirer. Laisse tomber Tony. La vieille dame de Jefferson Avenue. Raconte tout, passe un accord.*

« Lève-toi... maintenant », dit Snowe d'une voix ferme. Il savait qu'à l'instant où on essaie d'être gentil ils en profitent. Durant ses premières semaines de patrouille il s'était montré gentil. Avec les putes, les drogués, les jeunes Noirs qui vendent de la came près des terrains de basket. Il ne voulait pas les agripper brutalement, les bousculer et leur cogner la tête quand ils montaient à l'arrière de sa voiture comme faisaient tous ses collègues. Il allait être différent. Une pute avait attendu qu'il lui tourne le dos pour essayer de lui envoyer un coup de genou dans les couilles par-derrière, un toxico avait attendu qu'il baisse sa garde pour tenter de lui planter une seringue. La gentillesse n'était pas un langage auquel ils étaient habitués. Elle les déroutait.

Le gamin se releva et Snowe l'amena contre sa voiture, il lui écarta les jambes avec le pied et entendit le petit penser à s'enfuir, de nouveau pris de panique. Snowe se demanda où était passé son collègue. Il avait appelé cinq minutes plus tôt. *Quand il voudra te passer les menottes, bats-toi,* pensait le toxico.

Snowe recula et soupira en regardant le dos du gamin. Autrefois il avait dû être en pleine forme, peut-être même athlète au lycée. L'héroïne l'avait détruit, il n'avait plus que la peau sur les os, mais le désespoir donne de la force. Il ne voulait pas renoncer à la drogue en prison et il criait de peur. Snowe l'entendait. *Non non non non.* Il savait qu'il aurait le dessus, mais il ne voulait pas de bagarre. On n'en veut jamais. Toutes les bagarres, même faciles, laissent des blessures qui mettent des jours à guérir. On se froisse les muscles de l'épaule, on s'écorche le dos de la main, on s'esquinte les genoux.

« Sors les médicaments de ta poche, dit Snowe toujours à quelques pas de lui. Pose-les sur le capot. »

Le junkie obéit lentement, en faisant traîner les choses, dans l'attente que Snowe se rapproche suffisamment pour lui envoyer un bon coup bien précis et prendre la fuite. Il sortit un flacon d'une de ses poches, le regarda et le posa sur le capot de la voiture. Puis un autre flacon.

« De quoi tu as besoin pour ne pas être en manque ? » Snowe sentit aussitôt l'excitation du gamin mais aussi sa perplexité. *Pourquoi ce flic me parle de ces pilules ?*

Le junkie prit un des flacons. « Avec deux de celles-là ça devrait aller.

– Prends-les. »

Le gamin se retourna lentement. « Sérieux ?

– Sérieux. Prends ce qu'il te faut, vite, avant que mon collègue arrive. »

Le gamin se battit fébrilement avec le bouchon du flacon en arrachant le plastique, se versa plusieurs pilules dans la paume et les avala. Il en sortit encore quelques-unes qu'il mit dans sa poche. Snowe roula les yeux.

« Ça ne sert à rien. Ils te les prendront dès que tu arriveras au poste. Maintenant remets le bouchon et repose le flacon. »

L'autre obéit. Il était détendu à présent. Il ne pensait ni à se battre ni à fuir. Snowe s'avança, lui ramena les bras derrière le dos et le menotta. « Ça doit rester entre nous, OK ?

– Bien sûr, mec. » Le gamin ne ressentait plus que plaisir, détente et soulagement. Les médicaments avaient agi presque instantanément. « Merci. »

Une autre voiture de police arriva sur le parking et Jeff Kleider en descendit, un des collègues de Snowe qu'il appréciait le moins. « Salut Snowe. Qu'est-ce que tu as là ?

– Un gamin, il vient d'entrer tout seul par effraction chez DaVinci. Il a volé des pilules et il est sorti par la fenêtre sur le côté.

– Tu l'as signalé ?

– Pas encore eu l'occasion. Je viens seulement de l'attraper, il y a deux minutes. »

Kleider regarda le toxico et Snowe l'entendit penser, *sale petite merde décharnée.* Le gamin regardait Kleider, et Snowe sentait sa peur. Bon sang, il n'entendait pas seulement le toxico, il entendait tout le monde. Il devenait fou ? C'était vraiment ce que ces gens pensaient ou bien il commençait à entendre des voix ?

« Ce gosse est une foutue ordure », dit Kleider sur le ton de la conversation sans prendre la peine de baisser la voix. « Je l'ai coffré l'année dernière. » Il prit les flacons posés sur le capot de la voiture de Snowe et les examina soigneusement. Merde alors, se dit Snowe, Kleider cherche un moyen de s'emparer des pilules. Il l'entendait clairement penser. *Ces bleues, là, elles valent quatre-vingts dollars pièce. Deux cents dans un flacon, putain, y en a pour seize mille là-dedans. Je vais les filer à un de mes informateurs contre huit mille en liquide.* Il sentait l'enthousiasme de Kleider. *Je raconterai à Snowe que je me charge de les enregistrer comme pièces à conviction. Il ne remarquera pas qu'il manque un flacon.*

Kleider reposa le flacon et se tourna vers Snowe qui faisait monter le junkie à l'arrière de sa voiture. Les yeux du gamin devenaient vitreux, ses paupières s'alourdissaient. Défoncés, les gens sont nettement plus faciles à gérer. Le gamin était en train de le remercier de l'avoir arrêté ! « J'apprécie vraiment, mec. Tu es un type bien », disait-il d'une voix pâteuse.

« Hé Snowe, je vais déposer ça pour toi aux pièces à conviction », dit Kleider en cherchant à paraître enjoué et serviable. Snowe n'en revenait pas. S'il n'avait jamais aimé Kleider, c'était surtout parce qu'il se comportait comme un salaud avec les suspects. Un jour où une jeune Noire tardait à répondre à ses questions il l'avait saisie à la gorge, et Snowe l'avait vu cogner la tête d'un homme contre un mur quand il avait trouvé un couteau dans sa poche. C'était à cause des Kleider que tant de gens détestaient les flics. Mais Snowe n'avait jamais imaginé que Kleider était un voleur.

« C'est moi qui suis intervenu, répondit Snowe, je peux m'occuper de tout ça.

– Non, je m'en charge. » Kleider mit les flacons dans un sachet transparent qui se trouvait justement dans sa poche. Snowe comprit qu'il n'avait aucun moyen de l'en empêcher sans l'accuser de voler les pilules sous son nez, ce qu'il ne voulait pas faire. Kleider avait trois ans d'ancienneté de plus dans la patrouille et se préparait à devenir sergent.

Snowe le regarda jeter le sachet par la fenêtre ouverte de son propre véhicule comme s'il n'avait aucune importance et prendre une lampe-torche sur le siège passager. « Tu as fait du bon boulot, Snowe, dit-il gaiement. Je vais constater l'effraction et prendre quelques photos. » Snowe se rendit compte qu'il allait entrer chez DaVinci et prendre encore davantage de flacons. « Tu es d'accord pour emmener cette ordure au poste ? »

Snowe acquiesça. « Comment ça se fait que tu aies mis autant de temps pour arriver ? demanda-t-il. Ça fait dix minutes que j'ai demandé du renfort.

– J'étais à l'autre bout de la ville. » Snowe sut aussitôt qu'il mentait. Kleider était en train de secouer un dealer de coke dans la cité de Wilderness, un lieu déglingué d'où provenait près de la moitié des appels reçus par le service, presque tous graves. Snowe n'avait posé la question que pour voir s'il pouvait deviner que la réponse était un mensonge. C'en était un. Comment pouvait-il le savoir ? Comment pouvait-il soudain entendre les pensées des autres ? Il rêvait ? Il avait pris des antihistaminiques ? Mangé quelque chose de bizarre ? Ou bien il avait été en contact avec un produit chimique ? Une radiation ? Un truc qui donne tout à coup des super-pouvoirs comme dans les BD ou les films ? Il essaya en vain de se rappeler ce qu'il avait pu faire différemment ces derniers jours. Rien. La semaine avait été normale.

Snowe était trop sidéré pour souhaiter un affrontement. Il ne faisait pas confiance à ce nouveau pouvoir. Soit c'était un don, soit il devenait fou. Il avait besoin de se concentrer. De rester un peu seul. Il laissa Kleider avec ses pilules, sa fenêtre ouverte, et l'occasion de rafler chez DaVinci tout ce dont il avait besoin pour son petit commerce parallèle. Il vérifia que le junkie était toujours sur le siège arrière, remonta dans son véhicule et repartit pour le commissariat au moment où deux autres voitures de patrouille arrivaient sur les lieux.

Le gardien avait la boule à zéro, une fiche entre les mains et des chaussures étincelantes. Terry Dyer sut tout de suite qu'il s'agissait d'un ancien militaire. La plupart des gardiens dans cette prison étaient recrutés à Fort Polk, la base militaire voisine. Leur engagement terminé ils entraient directement dans la machine civile. Ils y étaient mieux payés et ne participaient à aucune opération. Quant à la prison, elle disposait d'un vivier d'employés habitués à l'uniforme, à l'autorité et à la violence. Tout le monde y gagnait.

« Je suis le sergent Coffey », dit-il sans tendre la main. Terry se demanda si c'était parce qu'il avait affaire à une femme ou parce que le protocole l'interdisait. « Vous êtes là pour Denny ?

– Brooks Denny, confirma-t-elle.

– Suivez-moi. » Il commanda l'ouverture d'une porte en acier et ils avancèrent dans un couloir baigné d'une lumière fluorescente. Une autre porte d'acier s'ouvrit, munie cette fois d'une fenêtre à vitre pare-balles doublée de grillage. Encore un couloir, encore une porte, surmontée d'une pancarte : *Aile D-Séjour permanent.* Le couloir de la mort était aussi permanent que possible.

Des portes s'alignaient de part et d'autre du nouveau couloir et Coffey s'arrêta à la troisième, marquée *Visites-C*, et regarda par la petite fenêtre. Puis il se tourna vers Terry, prit la position repos, le dossier sous le bras.

« Il y a une ligne blanche sur la table. Aucune partie de votre corps ne peut dépasser cette ligne. Vous ne pouvez pas toucher le détenu. Vous ne pouvez lui tendre aucun objet par-dessus la ligne blanche. Vous comprenez ? »

Terry acquiesça.

« Il me faut une réponse verbale, madame.

– Oui, je comprends.

– Si vous avez besoin de remettre un objet au détenu, vous me le confiez et je le lui transmettrai. Vous comprenez ?

– Oui. » Elle réfléchit une seconde. « Attendez, vous allez rester avec nous pendant toute la visite ?

– Oui madame.

– Pourrions-nous… pourrions-nous avoir un peu d'intimité ?

– Non madame, vous ne pouvez pas.

– Mais… » Elle se tut en se demandant comment expliquer la chose sans commettre d'impair. « C'est une question de sécurité nationale. Vous avez vu mes papiers. Vous savez qui je suis. J'ai besoin d'une conversation confidentielle avec Denny, ne serait-ce que de quelques minutes.

– Vous auriez dû remplir une demande de visite conjugale. » Il tira le dossier de sous son bras. « Je n'ai qu'une demande de visite ordinaire. » Il lui montra le formulaire qu'elle avait signé quelques jours plus tôt. Elle ne s'était pas rendu compte qu'elle pouvait demander une visite plus privée.

«J'ai besoin d'intimité, dit-elle. C'est une affaire ultrasecrète.» Le sergent Coffey restait imperturbable. Merde. Le flirt, peut-être? Elle lui fit les yeux doux avec une expression désemparée et il parut s'humaniser quelque peu. Il jeta un coup d'œil au détenu par la lucarne.

«Cet imbécile a quelque chose à voir avec la sécurité nationale? demanda-t-il.

– En marge seulement. J'ai besoin de lui poser quelques questions.» Elle lui adressa un sourire triste, comme si elle avait peur qu'il refuse de nouveau, dans l'espoir qu'il voie combien elle serait défaite si ça arrivait.

Coffey haussa les épaules. «C'est bon. Je serai de l'autre côté de la porte. Les règles de la ligne blanche tiennent toujours. Je surveillerai à travers la vitre.

– Merci infiniment sergent», dit-elle en effleurant son bras. Il hocha la tête d'un air grognon et ouvrit la lourde porte en acier tout en rougissant légèrement. Elle aimait les hommes. Elle savait qu'elle n'aurait rien obtenu avec une gardienne.

Denny était assis sur une chaise, en combinaison orange, une chaîne autour des jambes, fixée au sol par un piton. Les mains sur les genoux, l'air intelligent, il la regardait froidement s'installer en face de lui. La table en bois lourd était rivée au sol et au mur, mais Terry remarqua que les chaises étaient étonnamment légères et inconsistantes. Elle en conclut que c'était probablement parce qu'elles constituaient les seules armes possibles dans le cas où Denny perdrait son sang-froid. Derrière elle la porte se referma.

« Je me lèverais volontiers, dit-il. Ma maman me disait que je devais toujours me lever quand une dame entrait. Mais… » Il indiqua la chaîne qui entravait manifestement ses mouvements.

« Ce n'est pas grave, merci. » Terry posa son attaché-case sur la table en veillant à ce qu'il ne dépasse pas la ligne blanche, l'ouvrit et en sortit le dossier de Denny. « Je m'appelle Terry Dyer. Je travaille pour le gouvernement. J'ai quelques questions à vous poser. »

Avant qu'elle ne vienne, son patron, le chef de section Emmanuel Bentham, l'avait prévenue que les condamnés ont toujours l'air normal, même les meurtriers. Vous les rencontrez des années après leurs crimes. N'oubliez pas ce dont ils sont capables, avait-il conseillé. L'apparence de Denny n'en était pas moins normale. Serait-il tellement différent s'ils se trouvaient dans un café plutôt que dans le couloir de la mort ? Elle avait appris qu'avant son arrestation il avait du succès auprès des femmes dans la ville où il vivait. C'était facile à imaginer. Il semblait être le genre de type avec qui on peut bavarder dans un bar quand on ne recherche pas quelque chose de sérieux.

« Qu'est-ce que vous voulez ? » demanda-t-il. Il parlait doucement, bien en face, les mains sur les genoux alors qu'elles étaient libres de remuer. C'était peut-être la règle ici.

« Vous avez mille sept cents dollars sur votre compte nominatif. L'année dernière à la même époque vous aviez dix-huit dollars quarante-deux.

– Ouais. Et alors ?

– D'où vient cet argent ? Il n'y a aucun reçu de dépôt venant de l'extérieur.

– D'autres détenus », répondit Denny que ce genre de question ennuyait visiblement. Il regardait autour de lui, et pourtant il n'y avait rien d'autre à voir que des murs blancs en parpaings. Il avait toujours les mains sur les genoux. « Vous travaillez à l'administration des impôts ?

– C'est un revenu local non imposable par le gouvernement fédéral, dit-elle avec un sourire qu'elle espérait amical. Pourquoi des prisonniers vous ont-ils donné mille sept cents dollars ? »

Denny haussa les épaules et la fixa, impassible. Là résidait la principale difficulté : obtenir des informations d'un détenu dans le couloir de la mort. On ne peut pas le menacer. Il n'a rien à perdre. Comment le faire parler ?

« Que voulez-vous ? Vous avez sûrement envie de quelque chose. Une télé ? De meilleurs repas ? Un livre ou un magazine ? Je peux vous arranger ça. »

Elle devina chez lui de la curiosité, un brin d'agacement, mais ni l'attente ni l'avidité auxquelles elle s'attendait. « Demandez-leur d'arrêter de déconner avec ma date. Ils l'ont reportée trois fois.

– Votre date d'exécution ?

– Oui. La dernière était le 6 août. Deux jours avant ils m'ont dit qu'ils la reportaient. Demandez-leur de fixer une date et de s'y tenir. Vous pouvez faire ça ? »

Terry prit un instant de réflexion. Oui, elle pouvait le promettre si ça le rendait heureux. Dans le système fédéral elle pourrait le faire sangler et exécuter avant la fin de la journée, mais les tribunaux des États sont compliqués. Le principe d'une condamnation à mort est de ne pas laisser le détenu participer à la prise de décision. Qu'il veuille mourir n'est pas une raison suffisante pour se précipiter. Puisqu'il n'a pas laissé ses victimes choisir leur heure, pourquoi lui faire cette amabilité ? Tel est l'état d'esprit. « Pas de problème.

– Vous êtes dégueulasse », dit calmement Denny, les mains toujours sur les genoux, comme s'il faisait une simple remarque sur le temps. « Vous travaillez pour le gouvernement fédéral. Vous n'avez aucune influence sur les tribunaux de l'Oklahoma.

– Nous avons de l'influence sur tout le monde. » Elle mentait et il le savait. La conversation prenait un tour imprévu. Terry ne la contrôlait plus. Pour éprouver son honnêteté Denny avait demandé délibérément une chose impossible et elle était tombée dans le piège. Si elle lui disait ce qu'elle pouvait réellement faire, quelle était son intention, à savoir le sortir de là, il ne la croirait jamais. Mais il fallait d'abord qu'elle sache d'où venait son argent.

Ils se jaugèrent quelques secondes, Denny les mains sur les genoux, Terry devant son attaché-case ouvert sur la table. Elle savait seulement qu'il en faisait partie. À ce stade de sa carrière elle pouvait repérer presque instantanément ceux qui étaient programmés, comme lui. Peut-être à leur façon de parler, à leur regard, comme s'ils comprenaient tout de l'autre, comme si personne n'avait de secret pour eux. Personne sauf elle, mais il ne l'avait pas encore remarqué.

C'était leur assurance, leur pouvoir. Ça se voyait sur leur visage. Denny essayait de lire en elle, mais il ne paraissait pas dépité de n'obtenir aucune information. D'habitude, ils s'apercevaient plus vite qu'elle avait quelque chose de différent. La détention de Denny avait peut-être modifié toute la dynamique. Il n'était plus aussi socialisé.

« D'où vient l'argent ? »

Denny ne répondit pas, il regarda de nouveau le rien autour de lui et soupira. « J'avais une chatte. » Pour la première fois, il leva la main de son genou pour se gratter distraitement le menton. « L'année dernière la prison m'a donné un chaton. C'était une mignonne petite femelle. Je l'ai appelée Pépite, comme dans ce dessin animé de merde, les Pierrafeu. Parce qu'elle était très futée. » Il eut un sourire plein de regret. « Ils m'ont donné une litière, une gamelle, tout ce qu'il lui fallait, et elle partageait ma cellule. Ça faisait partie d'un programme pour voir si avoir un animal pouvait diminuer la violence chez les détenus. Puis ils m'ont pris en possession d'un objet de contrebande et ils ont emporté Pépite.

– De contrebande ?

– Une cuillère en métal. Je l'avais trouvée dans la cour, couverte de poussière. On n'a pas le droit d'en avoir. Je l'ai emportée dans ma cellule. Ils l'ont trouvée pendant une fouille surprise.

– Vous n'auriez pas dû ramasser la cuillère. Vous connaissez le règlement. »

Pour la première fois Denny laissa paraître une émotion, l'espace d'un éclair. Terry sut que c'était de la rage. Il n'aimait pas être puni. Elle était censée avoir été émue par son histoire de chaton et elle avait manqué l'occasion.

« Vous voulez que je leur demande de vous rendre Pépite ?

– Elle a été adoptée ailleurs. Elle est partie. » La voix de Denny avait nettement changé. C'était de la colère. Le tueur de flic n'était pas loin au-dessous de la surface. « C'est seulement temporaire. On ne nous les laisse que quelques mois, jusqu'à ce que la SPA leur trouve un foyer.

– Alors où était le problème ?

– Ils l'ont emportée sans même me prévenir. Ils sont entrés dans ma cellule pendant que j'étais dans la cour, et quand j'y suis retourné elle était partie. Ils ne m'ont pas laissé lui dire au revoir. »

Dieu du ciel. Elle était passionnante la Grande Tragédie du Chat, mais bordel, qu'est-ce qu'il voulait ? Que faire pour qu'il ait confiance et que les choses avancent ? Terry se pencha au-dessus de la table et tendit les bras jusqu'à la ligne blanche en se demandant si le sergent Coffey regardait à travers la vitre derrière elle et attendait de voir si elle dépassait la limite. Elle montra à Denny ses paumes ouvertes comme s'il y avait une vitre entre eux ; elle le suppliait. « Que voulez-vous que je fasse alors ? Que puis-je pour vous ? »

Denny haussa les épaules, sa colère s'était dissipée. Il avait peut-être suffi d'en parler. Combien d'occasions avait-il de parler avec d'autres que des criminels ? Notamment avec des femmes ? « Je joue pour de l'argent. Je suis un joueur. On joue aux cartes. Vous êtes contente ? Vous allez prendre l'argent de la cantine et le donner à un sale con du gouvernement pour qu'il puisse se payer un steak au dîner ? » Il sourit, presque aimablement. « Ou peut-être le garder pour vous ? »

Elle lui rendit son sourire en espérant qu'il le voie comme amical. « Non. C'est votre argent. Mon agence ne s'en soucie pas.

– Quelle agence ? Elle se soucie de quoi ?

– Oh, nous nous occupons de questions financières. Comment êtes-vous devenu si bon joueur de cartes ? »

Il haussa les épaules. Elle comprit qu'il était habitué à avoir des secrets. Avant de tuer le flic, il avait été un pilier de la drogue, et un puissant de surcroît, de l'avis général. Son CV était celui d'un homme qui ne dit rien qui ne soit nécessaire. « J'ai toujours été bon au poker. »

Terry soupira. Change un instant de sujet, se dit-elle, vois si ça marche. Elle jeta un coup d'œil à la première page de son dossier. Dans la rubrique « signes particuliers » était inscrit : *Tatouage épaule gauche. Serpent rouge et noir.* « Vous avez un tatouage sur votre épaule gauche. »

Ce nouveau style de question le prit au dépourvu. « Ouais. J'étais dans l'armée, en Alaska. » Il remonta la manche de sa combinaison orange et lui montra le petit serpent avec du rouge au bout de la queue, qu'elle avait vu si souvent. « Bon sang, j'étais tellement beurré ce soir-là que je ne me rappelle même pas comment c'est arrivé. En plus, j'ai peur des serpents. » Il se mit à rire. « Aucune idée de pourquoi je suis allé me faire tatouer un serpent. »

Terry sourit à son tour. C'était la première fois qu'elle le voyait s'animer. Elle se rendit compte qu'il se sentait seul. Qu'il profitait simplement d'avoir quelqu'un à qui parler. Enfermé dans sa boîte il voulait mourir. Là, il voulait parler. Il ne s'intéressait même pas vraiment à la raison de sa présence.

La porte s'ouvrit derrière elle. « Cinq minutes », annonça le sergent Coffey et il referma la porte.

« Vous devez quand même avoir une certaine influence pour obliger ce con à rester dehors », dit-il avec ce que Terry prit pour de l'admiration.

Sur le même ton admiratif elle répondit : « Mille sept cents dollars, c'est beaucoup. Comment faites-vous pour être aussi bon aux cartes, Brooks ?

– Brooks. » Il rit. « Alors je suis Brooks maintenant ? Merde, personne ne m'appelle comme ça depuis un bout de temps. » Il sourit et reposa les mains sur ses genoux. « Vous voulez savoir comment je gagne ? »

Elle fit un signe affirmatif.

« Vous n'allez pas me croire.

– Essayez.

– C'est comme si je pouvais voir les cartes. Je connais les cartes des autres. Je sais que vous ne me croyez pas, je m'en fous. Je ne l'avais encore jamais dit à personne. Mais je vois ce qu'ils ont en main. Ça a commencé quelques jours avant la dernière date fixée pour mon exécution. Je me suis dit que c'était parce que ma mort se rapprochait, un truc comme ça. Je commençais à tout voir et tout ressentir autour de moi. Salement bizarre. »

Terry confirma en souriant. « Ça, pour être bizarre… » Elle était consciente d'avoir pris un ton familier, mais son soulagement en entendant Denny confirmer ce qu'elle savait déjà justifiait tout.

Emmanuel n'était pas chaud pour cette visite, il ne pensait pas que tout cet argent sur le compte de Denny signifiait quelque chose. Il l'avait finalement autorisée à partir rien que pour ne plus l'entendre.

« Je vais vous dire autre chose. » Denny se pencha en avant et baissa la voix. « Ce gardien-là dehors, Coffey... Il passe pour le type réglo. Mais il trompe sa femme avec une gardienne des admissions, Andrea. Je ne sais pas comment je le sais, c'est dingue. Je le sais, c'est tout. »

Terry se mit à rire. C'était une jolie petite information qui pouvait servir. Mais Denny n'avait pas terminé.

« Un autre truc encore plus fou. Avant qu'ils emportent Pépite je l'entendais penser aussi. Je savais quand elle avait faim ou quand elle voulait que je lui gratouille le ventre... »

Terry était devenue livide. Denny était tellement ravi de parler qu'il n'avait rien remarqué. Seigneur, pensait Terry. Ce type lit dans les pensées des animaux. Il doit être connecté depuis au moins un an. C'est un Niveau Un, bordel. Elle tenta de sourire de nouveau et de se pencher en avant comme si elle poursuivait la conversation. Derrière elle la porte s'ouvrit.

« C'est l'heure », annonça Coffey.

La porte ouverte et Coffey n'empêchèrent pas Denny de dire à Terry : « Il y a tout de même une chose que je ne comprends pas. Vous.

– Moi ? demanda Terry en sachant ce qui allait suivre.

– Je ne vois... je n'entends... » Denny cherchait ses mots. C'était un Niveau Un et il ne possédait même pas le vocabulaire de base pour décrire ce qui se passait. « Je ne reçois rien du tout de vous.

– Je suis une fille complexe, répondit Terry en refermant son attaché-case. Au revoir. À bientôt j'espère. »

Le sergent Coffey et Denny parurent un peu surpris de la cordialité de ses adieux, comme si elle prenait congé à la fin d'un dîner chic.

Après la fermeture de la porte, alors que Coffey et Terry marchaient dans le couloir blanc fluorescent en direction de la sortie, elle demanda : « Quelles sont ses chances d'être remis aux autorités fédérales ?

– Ça n'est pas de mon ressort, madame. Mais je dirais aucune. »

Ils traversèrent le bureau des admissions, première pièce à posséder une fenêtre donnant sur la cour de la prison. Terry s'aperçut qu'il pleuvait. À l'intérieur il n'y avait ni pluie, ni ciel, ni monde naturel. La pluie lui rappela qu'elle était humaine. Tueur de flic ou pas, il fallait s'en souvenir de temps en temps.

La surveillante des admissions dans sa cage, une jeune femme corpulente aux cheveux noirs, joli visage et trop de maquillage, présenta le registre des visites à Terry sur son passage. « Vous devez signer à la sortie, madame. »

Sur son badge on lisait A. Marcotti.

« À quoi correspond le A ?

– Andrea. » Prolonger la conversation ne l'intéressait visiblement pas. Elle indiqua la colonne des signatures. « Là. »

Terry la regarda une seconde avant de se retourner vers le sergent Coffey. C'était du domaine du possible. Elle jeta un coup d'œil à sa montre et signa le registre. « Merci, au revoir. »

Coffey la salua d'un signe de tête et Andrea ne répondit pas. Terry se couvrit la tête avec son manteau pour sortir sous la pluie tiède de l'Oklahoma. Un Niveau Un. Merde alors.

2

Snowe était de retour chez lui, il faisait défiler les chaînes sur sa télé, soulagé de ne pouvoir lire dans les pensées d'aucun des personnages qu'il voyait. Jamais il n'avait été aussi heureux de vivre seul. Quand le livreur de pizza avait sonné, il avait entendu tout ce qui lui passait par la tête pendant qu'il cherchait la monnaie de vingt dollars… *Il va me filer un pourboire ? Merde, j'espère qu'il ne réclamera pas les pièces de cinq et dix cents. Il a un chouette appart, j'aimerais en avoir un pareil, sans colocs. Il faut vraiment que je déménage pour avoir un endroit bien à moi, une belle télé, c'est quoi ça, un écran plat 36 pouces… voilà sa monnaie, il ne va pas me laisser de pourboire…*

« Gardez la monnaie, avait dit Snowe en abandonnant sept dollars pour ne plus entendre ces absurdités.

– Wouaouh, sûr ? Merci mec. » *C'est super… Cool le type. J'aimerais qu'il commande tous les soirs.*

Snowe se retint de lui claquer la porte au nez. Il se promena quelques minutes dans son appartement, le carton de la pizza ouvert sur la table de la salle à manger, en essayant de ne pas céder à la panique. Le livreur avait vraiment pensé ces choses-là ou c'était lui qui les avait imaginées ? Et le camé de la veille ? Et Kleider qui volait les médicaments ? Quand, après avoir terminé sa paperasse, il avait salué Jenny, la régulatrice de nuit, elle s'était vraiment dit que Snowe avait un beau cul et qu'elle aimerait le voir à poil ? Elle avait soixante ans, mariée, quatre enfants adultes, et elle préparait des cookies pour ceux qui travaillaient le dimanche matin. Et le sergent Townes, le responsable de la patrouille, il était vraiment gay ? Snowe l'avait entendu penser qu'il avait sacrément envie de se taper l'agent Aguilar, le bleu, latino, qui venait d'être engagé. *Je pourrais aller traîner au vestiaire quand Aguilar va se doucher.* Le sergent Townes, la cinquantaine bien sonnée, était très à cheval sur le règlement, il s'assurait toujours que les hommes soient impeccables et rasés de frais avant de prendre leur service.

Ce matin, peu après s'être préparé son petit déjeuner, il avait reçu un coup de téléphone d'un démarcheur qui lui proposait un abonnement plus avantageux pour son portable et il l'avait retenu le plus possible, tellement soulagé de ne rien entendre d'autre que sa voix qu'il avait accepté le nouvel abonnement. Le type avait dû sentir que Snowe ne tournait pas rond, il interrompait régulièrement la conversation pour demander : « M. Snowe, monsieur, vous êtes toujours là ? » Snowe n'avait aucune idée de ce qu'il avait accepté. Il savait seulement que sa facture allait augmenter et que pour entendre les pensées de quelqu'un il fallait qu'il soit en sa présence.

Il devrait peut-être en parler. Mais à qui ? Qui le croirait ? Et si on le croyait, les gens ne se sentiraient pas tout de suite mal à l'aise avec lui ? Ils ne l'éviteraient pas ? Il savait déjà qu'un de ses collègues était un voleur, un autre gay, qu'une troisième avait des désirs sexuels, et tout ça en quelques minutes. Qu'est-ce que ça serait en une heure ? Comment travailler avec un équipier, rester huit heures en voiture à côté de quelqu'un, à entendre la moindre niaiserie flottant à l'état brut dans son cerveau ? Il n'y avait pas que des secrets, il y avait la banalité.

Donc, pas question d'en parler. Alors que faire ? Il chercha « télépathie » sur Internet. Des tas d'articles techniques sur des conseils médicaux pour aider les personnes paralysées. Du jargon. Des interfaces avec des cerveaux électroniques, des avions lancés dans l'espace par des ballons à l'hélium, des programmes permettant de faire réaliser ce que vous imaginez par votre ordinateur. Et pour les adeptes du chapeau en papier d'alu, toute une batterie de casques en métal destinés à empêcher quiconque de lire dans vos pensées. Mais rien sur la découverte soudaine que vous en aviez le pouvoir.

Il cliqua d'un site à l'autre pour essayer de trouver quelque chose, n'importe quoi en rapport avec sa situation. À la huitième page des résultats de ses recherches, après un article écrit par un homme qui avait seulement « l'intuition » que le gouvernement des États-Unis avait été responsable du 11-Septembre et qu'il empoisonnait notre eau potable jusqu'à nous faire vomir, il y avait un fil de discussion sur un site consacré à la santé mentale, « Au secours, j'entends ce que les autres pensent ».

Snowe cliqua dessus et fut aussitôt déçu par la brièveté du message. Il provenait d'un utilisateur qui se faisait appeler Télépathe1234, un manque d'imagination qui indiquait que le compte avait été créé dans la précipitation, pour envoyer le message.

Au secours ! avait écrit Télépathe1234. *La semaine dernière, au travail, j'ai commencé à me dire que j'entendais ce que les autres pensaient. Ça m'est tombé dessus. Il n'y a aucun antécédent de maladie mentale dans ma famille. Je ne sais pas ce que c'est.*

Rien d'autre. Toutes les réactions venaient d'internautes bien intentionnés et compatissants qui lui suggéraient d'aller voir un psychiatre au plus vite. Le mot schizophrénie était abondamment utilisé, accompagné de quelques anecdotes à propos de personnes de leur entourage qui avaient présenté des symptômes similaires avant d'être diagnostiquées. Un des correspondants demandait s'il avait fait récemment un test de santé mentale ou de personnalité, et Télépathe1234 répondait, *Pas depuis l'armée.* Après quoi, plus rien.

Le fil était daté du mois d'août 2008 et se trouvait sur le site d'un hôpital psychiatrique de Pennsylvanie. Ce même hôpital était affilié à une chaîne d'établissements de désintoxication à travers tout le pays.

Snowe alla frapper à la porte de son voisin d'en face dans le couloir. C'était un musicien, tatoué, les cheveux hirsutes, auquel il n'avait adressé la parole que deux fois en trois ans pour lui demander de faire moins de bruit. Le type s'était exécuté parce qu'il savait que Snowe était flic, mais Snowe avait l'impression que s'il n'avait pas été lié au maintien de l'ordre, l'homme aurait fait du grabuge. Il avait aussi entendu des rumeurs répandues par son ex-copine, que Snowe avait rencontrée une fois à la laverie de l'immeuble, selon lesquelles c'était un pirate informatique.

Le type ouvrit la porte, étonné de le voir alors que sa stéréo était silencieuse. « Salut », fit-il en essayant de paraître amical. *Bon Dieu, qu'est-ce qu'il veut ce con de flic. Heureusement qu'il n'est pas venu il y a vingt minutes, pendant que je fumais ma pipe d'herbe. J'aimerais que ce chieur déménage. Il me rend parano.*

Snowe ignora ces pensées. Ça datait de même pas vingt-quatre heures, mais il y parvenait sans effort. On ne peut pas réagir à ce que pensent les gens, seulement à ce qu'ils disent. Il sentit un léger effluve de marijuana provenant de la pièce du fond et aperçut une jeune femme sous une couverture sur le canapé du musicien. « J'ai besoin d'un service, dit-il. Je vous paierai.

– Qu'est-ce qu'il vous faut ?

– Vous vous y connaissez en ordinateurs ? »

Le musicien haussa les épaules. Il était plus âgé que Snowe ne l'avait jugé. À cause de son mode de vie, Snowe avait toujours imaginé qu'il avait à peine plus de vingt ans, mais à présent, debout devant lui à la lumière du jour, il en faisait dix de plus. Snowe se demanda combien on pouvait gagner dans la musique de nos jours. Pouvait-il payer cet appartement et son camion Dodge Ram avec ce qu'il se faisait en jouant de la basse le soir pendant le weekend à l'HyperGrill ? « Je me défends », répondit le voisin. Ses pensées étaient un amas confus d'interrogations sur ce que voulait ce flic. À l'évidence, en dehors du fait qu'il était policier, Snowe ne l'avait jamais impressionné.

Snowe l'emmena chez lui et lui montra le message de Télépathe1234. « J'ai besoin de savoir d'où c'est venu. Vous avez un moyen de vous renseigner sur ce type ?

– Ça pourrait prendre quelques minutes. Je dois copier l'adresse web et chercher sur mon ordinateur. » *Ce mec est dingue. Ça fait partie d'une enquête policière ? Je vais faire coffrer quelqu'un ?*

« C'est une affaire personnelle. Si je peux faire quelque chose pour vous en échange, dites-le-moi.

– Ma copine, là en face, elle a eu récemment une contravention pour excès de vitesse.

– Je m'en occupe. » Snowe savait qu'il ne pouvait pas l'effacer si elle était déjà enregistrée. La seule solution serait qu'il la paie à la place de la fille, mais l'inscription au fichier resterait. Les gens s'imaginent que les flics peuvent faire n'importe quoi, qu'ils peuvent mépriser la loi comme bon leur semble sans jamais avoir de comptes à rendre. Pour résoudre le problème il allait devoir payer, comme n'importe qui.

Le musicien copia l'adresse web et disparut dans son appartement pendant que Snowe essayait d'imaginer quoi faire ensuite. Il ne voulait voir aucun ami parce qu'il avait peur d'entendre ses pensées. Il ne voulait pas connaître les secrets les plus cachés. Il ne voulait pas découvrir de nouveau gay ou de nouveau voleur. Il voulait seulement vivre la même vie que la veille quand il préparait son examen de sergent et se demandait si les Lions de Détroit devaient changer leur quarterback. Il se rendit compte qu'il n'avait pas baisé depuis qu'il avait rompu avec Kerry Ann. C'était peut-être ce qu'il lui fallait. Cette nouvelle aptitude pouvait avoir une application pratique. Il devait aller dans un bar pour célibataires.

Un coup à la porte et le musicien revint avec une pile de papiers. Il fit signe à Snowe de s'asseoir sur le canapé, comme s'il était dans son bureau et non chez Snowe.

« Voilà son adresse IP. Ça veut dire, c'est comme…

– Je sais ce que c'est.

– Bon. L'adresse IP a été enregistrée à cette adresse postale à Philadelphie. En 2008, quand il a envoyé ce message, un certain Kenneth Wiggins y était locataire. Vous le connaissez ? »

Snowe secoua la tête.

« Bon, alors j'ai sorti tout ce que j'ai pu trouver sur Kenneth Wiggins. Ça, un article du journal de l'endroit où on a découvert son corps. Il est mort. Suicide. Ça, un procès-verbal d'arrestation de 2007. Pour conduite en état d'ivresse. Là c'est son DD-214, son certificat de libération de l'armée, avec ses états de service. Et là des avis d'impôts, là…

– Bon Dieu, vous avez trouvé tout ça en moins d'une heure ? »

Le type haussa les épaules. Ses pensées restaient muettes. Il semblait concentré uniquement sur les papiers qu'il déposait sur la table basse. Snowe sentit qu'il était réellement fasciné par le pouvoir des ordinateurs. C'était peut-être ça aimer son travail. « Je fais ça quand je ne joue pas de musique.

– Merci, vieux », dit Snowe. Il tendit la main et le musicien la serra mollement. « Je m'appelle Jared », ajouta Snowe.

Le musicien fit un signe de tête et se leva, c'était le moment de partir. Il donna à Snowe la contravention de sa copine et sortit en fermant doucement la porte derrière lui sans lui avoir dit son prénom.

Tous ces documents sur la table, c'était beaucoup plus que Snowe n'en demandait. Il n'y avait eu de sa part qu'un peu de curiosité. Il alla prendre une tranche de pizza refroidie et se mit à parcourir la vie de Kenneth Wiggins. Il s'était apparemment suicidé en se jetant dans le Delaware en 2008, environ deux mois après avoir envoyé le message.

L'année précédente il avait été arrêté pour conduite en état d'ivresse alors qu'il revenait d'un bar du coin. Le procès-verbal était plutôt sans intérêt. Couleur des yeux, marron. Couleur des cheveux, bruns. Dans la rubrique « Remarques », le flic avait écrit *coopératif.* Son taux d'alcoolémie était à peine supérieur à la limite autorisée. Snowe jeta le feuillet sur la pile. Repose en paix, Kenneth Wiggins. Le pauvre type avait dû perdre la tête et se suicider.

Il était temps de voir tout ça différemment. Et de commencer à profiter de ce don. Il allait peut-être disparaître au bout de quelque temps, peut-être fallait-il s'en servir tant qu'il l'avait. Il était venu de nulle part et pouvait s'en aller du jour au lendemain. Il était temps d'arrêter de se tracasser et d'aller baiser.

Snowe s'aperçut tout de suite qu'il n'aimait plus les boîtes à drague. Il n'y allait plus depuis des années. À trente-deux ans il se sentait trop vieux pour cet endroit où personne n'avait l'air d'en avoir plus de vingt-cinq. Il faisait la queue dehors, par moins de zéro, curieux de savoir comment les deux jeunes femmes en minijupe devant lui ne souffraient pas d'hypothermie. Entendre ce que les autres pensaient ne lui apportait rien de ce pouvoir sur les femmes dont il avait rêvé. Tout le monde se préoccupait exclusivement de son apparence, et quand une des filles devant lui se retourna pour le regarder il ne capta pas une seule pensée. C'était le moment qu'il attendait, le voile se levait, l'esprit féminin enfin mis à nu révélait la vérité vraie sur l'impression que lui, Jared Snowe, produisait sur les femmes. Elle le dévisagea, puis se retourna vers son amie et pensa *J'aurais dû mettre les rouges.*

Les deux hommes derrière lui avaient des obsessions du même ordre, l'un pensait à ses cheveux et l'autre se demandait si la banquette arrière de sa voiture était assez propre pour faire bonne impression sur une fille qui pourrait y passer un peu de temps plus tard. L'expérience consistant à se mêler à un groupe était moins éclairante que Snowe ne l'avait espéré, c'était plutôt une cacophonie de doutes disparates et de préoccupations à ras de terre. *J'ai bien laissé la porte ouverte pour ma colocataire ? J'aurais dû mettre une ceinture ? Les consommations coûtent combien ici ?... Je n'ai que soixante-six dollars sur ma carte.* Au moins, personne ne se demandait ce que faisait un type de plus de trente ans dans la file d'attente, non pas à cause de son allure calme et assurée, mais parce que tout le monde se souciait trop de sa propre apparence pour remarquer son existence.

En arrivant plus près de l'entrée il entendit le videur s'inquiéter de savoir s'il serait accepté à l'école de police et Snowe l'examina plus attentivement. Pas de doute, l'homme avait le physique requis ; solidement bâti, fière allure. Au lycée il s'était fait arrêter pour possession d'herbe et il ne savait pas s'il devait le cacher ou espérer qu'on ne lui pose pas de questions sur ce point pendant l'entretien. Les filles dans la file d'attente le préoccupaient aussi, est-ce qu'elles aimaient les types musclés ? Ce jour-là il avait lu dans un magazine pour hommes un article selon lequel la plupart des femmes disaient ne pas aimer les corps trop musclés.

À ce train-là il lui faudrait probablement attendre une demi-heure avant de parvenir à entrer, et comme il faisait horriblement froid Snowe enjamba sans réfléchir le cordon de velours pour s'approcher du videur.

Le videur aboya : « Excusez-moi, monsieur. Retournez derrière le cordon. » Deux autres videurs descendirent les marches de la boîte comme s'ils étaient impatients d'intervenir, espérant que le contrôle fastidieux de la foule laisse bientôt place à la poussée d'adrénaline d'une bagarre. Snowe connaissait le genre. Il y avait des flics de Kearns qui, mine de rien, essayaient toujours d'aggraver une situation rien que pour avoir l'occasion d'utiliser leurs Taser. Et d'en rigoler ensuite dans la salle de repos.

Snowe lui sourit. « Tu es Dave Wickett, n'est-ce pas ? Tu veux entrer à l'école de police ? »

L'expression du videur changea instantanément et Snowe fut ébloui par la beauté de l'autorité, la transformation de l'agressivité en soumission devant le pouvoir. « Oui, monsieur, répondit aimablement Dave Wickett.

– On m'a envoyé ici pour te contrôler », dit Snowe avec entrain. Il tendit la main droite à Wickett tout en sortant son badge de la main gauche. C'était un badge de policier, pas un badge doré d'inspecteur qui aurait dénoté une réelle autorité, mais le videur était si impressionné par la présence de quelqu'un qui détenait un pouvoir sur son avenir qu'il n'y fit pas attention. Snowe resta troublé par son aisance dans le mensonge, comme s'il regardait un acteur dans un film. Il mit la main sur l'épaule du videur et lui dit doucement : « Légalement on ne peut pas t'interroger sur ton passé judiciaire, il est classé. Du moment que tu n'en parles pas, tu n'auras aucun problème. »

Wickett eut l'air choqué, puis soulagé, il arbora finalement un immense sourire et serra de nouveau la main de Snowe. « Merci, mec. Merci beaucoup. J'apprécie votre aide. » Snowe lui rendit son sourire avec une tape amicale sur son énorme bras.

« Je sais, petit. Bonne chance. J'espère te voir bientôt dans la police. » Il se retourna et entra dans la boîte sans un regard pour les pauvres malheureux qui attendaient toujours dans le froid.

Eh bien, c'était facile, se dit Snowe. Tout en se sentant coupable d'avoir menti, il découvrait l'ivresse de son pouvoir réel. Aussi longtemps qu'il l'aurait, les petites choses qui embêtent le commun des mortels ne le dérangeraient plus. En regardant autour de lui les gens inquiets de leur apparence qui cherchaient à attirer l'attention des serveuses et des barmans, ou qui étaient assis sur des canapés devant des bouteilles de champagne, Snowe sentit monter en lui une assurance telle qu'il n'en avait encore jamais connu. Il était différent. Il était spécial. Il était l'élite.

Il éprouva sa première poussée d'angoisse à l'idée que ce nouveau don pouvait disparaître comme il était venu. Il fallait en profiter tant qu'il était temps. Dans son travail, il devait vérifier son efficacité à nettoyer les rues à présent qu'il pouvait lire dans la tête de tous ceux qu'il questionnait. Il serait capable de résoudre à lui tout seul n'importe quel meurtre dans le quartier de Wilderness si le chef Fremantle le laissait travailler avec la brigade criminelle. Pensez au nombre d'heures qu'il lui ferait économiser s'il pouvait repérer en quelques secondes un suspect en train de mentir. Quelques jours plus tôt il avait interpellé une jeune femme pour excès de vitesse. Elle lui avait raconté que son père venait d'avoir une crise cardiaque et qu'elle allait le voir à l'hôpital. Il l'avait laissée partir sans la verbaliser, mais il avait la nette impression qu'elle lui avait menti. Fini ce genre de conneries. Il sourit et se dirigea vers le bar.

Il comprit vite que le groupe de jeunes femmes à côté de lui revenait d'une répétition de dîner de mariage. Elles buvaient déjà depuis un bon moment et leurs pensées, tout comme leur discours, commençaient à montrer des signes de désordre. L'une était en colère contre son mari qui n'arrêtait pas de lui envoyer des textos lui demandant de rentrer. Une autre pensait qu'elle s'amusait beaucoup et qu'elle devrait sortir davantage, ne pas être trop obsédée par son travail. Plus près de lui, une petite brune, de loin la plus jolie du lot, pensait que ses amies étaient toutes grandes et belles tandis qu'elle était petite et mal fagotée.

Bien qu'armé de cette information cruciale Snowe restait muet. Comment engager la conversation ? Lui dire qu'elle était la plus séduisante, c'était exactement ce que ferait quelqu'un qui ne pouvait pas savoir ce qu'elle pensait.

Encore bardé de l'assurance que lui avait donnée sa rencontre avec le videur il demanda : « Vous voulez boire quelque chose ? » Elle le regarda, secoua la tête et montra son verre plein.

« Ça va, merci. »

Oh merde. Qu'est-ce qu'il veut ce type. Snowe sentit qu'il la rendait nerveuse, ce qui le rendit nerveux lui aussi. Et si finalement c'était un inconvénient ? se demanda-t-il. Ça l'angoissait à présent. Détends-toi. Le barman s'approcha et Snowe commanda une bière en lui tendant sa carte de crédit pour qu'il lui ouvre un compte pour la soirée. Il se dit qu'il avait fait fuir la première fille qu'il avait abordée. Elle ne s'était pourtant pas éloignée, et c'était bon signe.

« Je vais deviner ce que vous faites dans la vie », dit-il, et dans le même temps il vit des images d'elle à son travail. Elle était dans un bureau. Il y avait une salle d'attente. En majorité des personnes âgées. « Vous travaillez pour un médecin. Secrétaire médicale. »

Elle lui jeta un regard surpris tout en sirotant son verre. « Un dentiste. » Elle s'autorisa à montrer une once d'intérêt. Elle indiqua son amie à côté d'elle. « Et elle ? »

Snowe s'aperçut soudain que c'était difficile s'il ne posait pas une question directe qui l'oblige à penser à son travail. Or, la femme parlait à ses amies et leur tournait le dos. « Je dois voir son visage. »

La petite brune tapota le bras de son amie, celle que son mari embêtait, qui se retourna vers lui. « Il va te dire ce que tu fais dans la vie », lui dit la brune, et l'autre interrompit sa conversation pour dévisager Snowe d'un air cynique. Les deux autres femmes s'en mêlaient à présent et le regardaient sceptiques. Toutes les quatre étaient séduisantes, habituées à l'attention des hommes, prêtes à se moquer de lui s'il se plantait, mais disposées à lui laisser une chance. La femme pensait à présent à son travail. Snowe vit des voitures. Un hall d'exposition de voitures.

« La vente, dit-il en hochant la tête avec assurance. Vous vendez des choses. Des choses chères.

– Quelles choses ? » Elle était impressionnée elle aussi, mais essayait de le cacher.

«Je pense à... des bateaux, peut-être? Des voitures? En tout cas, c'est du haut de gamme.» Il voyait des BMW et il reconnut même le concessionnaire, sur la 7. Snowe y avait été envoyé le mois précédent. On y avait pénétré par effraction, mais il ne l'avait pas rencontrée. C'était bizarre de pouvoir reconnaître quelque chose d'après les images mentales de quelqu'un d'autre, mais il ne voulait pas casser l'ambiance en s'attardant sur cette impression. Il sentait qu'il se débrouillait bien, d'autant mieux que les deux autres femmes étaient visiblement aussi impressionnées que s'il venait de faire un éblouissant tour de magie. La malhonnêteté et la mise en scène l'avaient toujours mis mal à l'aise et il s'étonnait qu'elles lui viennent si naturellement.

« Et pour ces deux-là ? » demanda la brune. Elle souriait.

Snowe les regarda plus longtemps que nécessaire. C'étaient les deux qui intimidaient la petite brune. Elles étaient grandes et d'une beauté classique, faites pour être mannequins. Pas le genre de femmes qui l'attirait en général, même s'il comprenait pourquoi d'autres hommes pouvaient les trouver séduisantes. Trop parfaites. « Profession médicale. Médecins ? » Il savait qu'elles étaient infirmières, mais il considérait qu'une petite erreur dans un sens plus flatteur ne pouvait pas faire de mal.

Elles se mirent à rire, épatées. « Vous êtes fort, dit l'une des créatures parfaites. Nous sommes toutes les deux infirmières. Et vous, que faites-vous ? »

C'était toujours un moment de tension. Parfois ça arrêtait net la conversation en déclenchant une vague de rancœur chez des gens qui le rendaient personnellement responsable de leur dernière contravention ou d'une violence policière mentionnée sur Internet. Certains détestent les flics. Mais il se dit que si les deux mannequins étaient infirmières ça pourrait provoquer une réaction positive. D'habitude, les infirmières et les flics s'entendent bien. « Officier de police. » Et pour écarter tout soupçon quant à son magnifique numéro de divination il s'adressa à la vendeuse de voitures. « Je suis intervenu chez votre concessionnaire la semaine dernière à la suite d'une effraction.

– La semaine dernière j'étais absente. » Snowe comprit tout de suite qu'il avait commis une erreur. Il passait désormais pour un obsédé qui avait des dossiers sur tout le monde. Comment savait-il chez quel concessionnaire elle travaillait ? Réfléchis,

réfléchis, réfléchis. Les quatre femmes ne riaient plus. La petite brune qui s'était un peu approchée de lui en flirtillant s'écarta comme si elle venait de découvrir qu'il avait la peste.

« Ce salaud de Paul, dit la vendeuse. Vous êtes détective privé, c'est ça ? Il me fait suivre. C'est comme ça que vous savez où nous travaillons. » Le flirt avait viré en un éclair à l'hostilité et les quatre femmes le mitraillaient du regard. Il restait sans voix. *Il est infect*, pensait la brune. *Quelle idiote je suis de m'être laissé avoir.*

« Non, non, vous n'êtes pas idiote », répliqua Snowe dans un effort désespéré pour sauver la situation, mais avant même qu'il puisse finir sa phrase il vit le verre de la vendeuse avancer vers lui. Il fut aveuglé par une vodka tonic reçue en pleine figure. Le froid lui coupait le souffle et les glaçons à moitié fondus glissaient sur sa chemise. Quand il rouvrit les yeux, les femmes s'étaient serrées en cercle, seule la vendeuse le regardait encore en tenant nonchalamment son verre vide. Elle avait un sourire forcé et amer, mais victorieux.

« Dites à Paul de ma part d'aller se faire foutre », dit-elle avec une fureur contrôlée. Elles s'en allèrent en groupe en le laissant les sourcils dégoulinants de vodka tonic. Le jus de citron vert lui piquait les yeux. Grâce au ciel, Dave Wickett le videur ne le vit pas sortir la chemise trempée et des morceaux de citron dans les cheveux. Dave était apparemment en train de draguer une fille dans la file d'attente, sans se servir d'aucun pouvoir mystérieux.

3

Un Niveau Un. Merde alors.

Ils devenaient tous Niveau Un au bout du compte. Le problème, c'était qu'après le délai nécessaire pour que ça arrive, environ un an, on ne pouvait plus compter sur eux. Quel qu'ait été leur métier avant qu'ils se fassent repérer, ils évoluaient et finissaient par contester l'autorité. Même le plus docile et le moins imaginatif commençait à poser des questions. Pourquoi les riches sont riches, pourquoi les puissants commandent ? Quelque chose dans leur don de lire les pensées des autres les faisait remettre en question les structures sociales mêmes qu'ils avaient toujours considérées comme allant de soi. Terry se rappela l'un d'eux qui avait essayé de le lui expliquer, avant qu'ils aillent dîner. Quand votre patron est salué comme un génie novateur et que vous l'entendez se demander si sa mère l'aime vraiment, ou penser pendant une réunion d'affaires qu'il se taperait bien sa réceptionniste de vingt-deux ans, ça devient de plus en plus difficile de recevoir des ordres de lui. C'était sûrement logique, mais ça ne changeait rien au fait que lorsqu'ils atteignaient le Niveau Un ils devenaient pratiquement inutilisables.

Denny était différent. Il avait passé tellement de temps dans sa cellule, privé de contacts humains, que ses capacités avaient eu tout loisir de se développer sans modifier sa personnalité profonde. Terry doutait qu'il ait jamais été porté sur le travail d'équipe, si bien qu'il n'avait pas dû être très choqué de voir que les représentants de l'autorité avaient rarement ses intérêts à cœur. Il avait été dealer, avait tué un officier de police. Elle n'avait pas affaire à quelqu'un qui respectait le règlement. Alors que les autres avaient vu leur vision de la société s'effondrer et les fondements de leur personnalité changer, Denny avait passé son temps couché dans sa cellule du couloir de la mort, en s'attachant à un chat affamé. Et il était à présent un super télépathe.

« Comment ça va se passer ? » demanda Emmanuel Bentham. Il se frottait les joues là où encore récemment il y avait une barbe. Terry n'arrivait pas à s'habituer à le voir sans poils. Sa barbe avait été la marque de sa sagesse et de son autorité ; sans elle, il avait l'air d'un gamin ambitieux. Il dirigeait ce service depuis plus de vingt ans, caché dans son petit bureau, et soudain, il avait décidé que c'était la barbe qui avait empêché sa promotion.

« Nous l'équiperons d'un bracelet électronique avec un GPS intégré, nous ne perdrons jamais sa trace. Vous pouvez le localiser d'ici, dans ce bureau, depuis un ordinateur portable. Nous le ferons accompagner en permanence par un gardien de la prison, histoire de satisfaire l'administration pénitentiaire de l'Oklahoma. Et nous convoquerons deux hommes de la police militaire de Fort Dix.

C'est un renfort supplémentaire, au cas où. Ce qui fait au total trois gardiens, plus moi. »

Terry savait déjà qu'Emmanuel serait d'accord. C'était le patron idéal. Il se fiait à son discernement et lui laissait toute liberté d'action dans ses missions. Depuis son arrivée neuf ans plus tôt il n'avait contesté ses plans qu'une seule fois, et encore très brièvement. En outre, pouvoir utiliser Denny dans ce genre de mission était un bon point pour Emmanuel, une façon de s'attirer les louanges du Département d'État. Si tout se passait comme prévu.

« J'essaie d'imaginer le pire des scénarios, dit-il en grattant de nouveau son menton rasé.

– Je suppose que ce serait qu'il s'échappe. Mais ça n'arrivera pas.

– Non, mais qu'arriverait-il s'il s'échappait ? Nous ne pouvons pas publier sa photo. Nous ne pouvons en parler à personne. Il est censé se trouver dans le couloir de la mort dans l'Oklahoma.

– Il ne s'échappera pas.

– Je sais. Mais s'il le fait. Imaginons un instant. Nous aurons un Niveau Un censé se trouver dans le couloir de la mort dans l'Oklahoma en cavale à Manhattan. Et nous ne pourrons en parler à personne. Alors quel est le plan s'il s'échappe ?

– Nous le retrouverons grâce à son bracelet. » La réponse ne plut pas à Emmanuel. Il se remit à se frotter le menton en jouant avec une barbe qui n'était plus là. Terry pensa aux amputés qui essaient de gratter un membre absent. « Vous n'avez plus de barbe, Manny », dit-elle d'un ton enjoué en espérant changer de sujet et voir Emmanuel se détendre. Il grogna.

« Ça me tracasse », dit-il en parcourant distraitement le dossier de Denny, et Terry pensa qu'à ce stade elle devait peut-être faire un effort particulier. Au cours des derniers mois elle avait remarqué qu'Emmanuel était devenu plus carriériste. Il avait divorcé l'année précédente et avait à présent une jeune maîtresse, du genre à être éblouie par son poste au gouvernement, son accès à des informations ultrasecrètes et ses réunions tardives avec des membres du cabinet. Il avait perdu du poids et développé une aversion pour le risque.

Terry haussa les épaules. Insiste sur l'aspect positif, se dit-elle. « Nous pouvons emmener Denny aux négociations. Il en aura pour une heure. Le Département d'État aura une réponse à toutes ses questions, nous saurons tout ce qu'il y a à savoir et vous serez décoré. » C'était ce qu'il voulait entendre, même s'il paraissait encore sceptique elle appuyait sur les bons boutons. Elle appuya plus fort. « Ils ont vraiment besoin d'aide. Ce service sera récompensé si nous pouvons emmener Denny. »

Il releva la tête et sourit. « Ça suffit, sorcière manipulatrice. »

Elle se mit à rire et poursuivit sur le même mode. « Votre nouvelle petite amie sera très fière de vous. Elle dira : "Oh, Manny..." » Terry prenait sa voix aiguë d'écervelée dont elle savait qu'il l'aimait secrètement, même si sa nouvelle copine était en réalité diplômée de physique à Georgetown et probablement plus intelligente qu'elle. Il aimait être vu comme celui qui a gagné le gros lot.

« Très bien, très bien, dit-il pour s'en débarrasser. Cette seule mission, d'accord ? Ensuite, dîner. » Il avait cet air crispé que Terry reconnaissait comme le signe qu'elle devait afficher sa propre assurance pour apaiser ses craintes.

« Une seule mission. Ensuite, dîner. » Elle lui fit un grand sourire tranquille. « Ça va marcher. »

Emmanuel acquiesça. Ses inquiétudes se dissipèrent, comme toujours lorsqu'il prenait une décision. Il jeta le dossier de Denny sur le bureau. « Bon, très bien. Je vais appeler le gouverneur de l'Oklahoma. Merde », ajouta-t-il en se levant, ce qui obligea Terry à l'imiter. « Je ne sais même pas comment il s'appelle. Jerry ! »

L'assistant d'Emmanuel, seul autre employé du service, montra le nez à la porte. « Oui ?

– Le gouverneur de l'Oklahoma, qui est-ce ?

– Aucune idée.

– Trouve-le et appelle-le. Ou appelle-la.

– Tout de suite. »

Emmanuel se retourna vers Terry. « Une seule mission, ensuite dîner, d'accord ?

– Une seule mission, ensuite dîner. » Elle prit le dossier de Denny sous le bras et adressa à son patron un au revoir enjôleur en s'en allant.

Posté près d'un contrôle radar, Snowe se dit que ça ne facilitait peut-être pas les choses avec les dames, mais que dans sa carrière ça allait vraiment changer la donne. Certains de ses collègues l'avaient déjà surnommé Superflic et le chef Fremantle l'avait convoqué dans son bureau ce matin-là pour lui communiquer les compliments de certains citoyens impressionnés par son comportement sur les lieux d'un accident de la circulation. Snowe était allé droit sur la BMW défoncée de l'homme d'affaires, avait ouvert la portière côté passager et tiré une flasque de scotch de sous le siège. Ça se passait dans un quartier pauvre et l'autre véhicule était conduit par une femme noire qui ne s'attendait pas à un traitement équitable de la part d'un flic. Des badauds époustouflés l'avaient carrément applaudi en le voyant faire monter l'homme d'affaires menotté à l'arrière de la voiture de police.

En une semaine, il avait «découvert» une guitare dans le placard d'une femme qui l'avait déclarée volée pour toucher l'assurance, résolu une affaire de cambriolage en bavardant avec des gamins à un coin de rue, et arrêté un homme pour coups et blessures avec circonstances aggravantes malgré les alibis fournis par trois amis pour la nuit de l'agression. Il leur avait dit où chacun d'entre eux se trouvait cette nuit-là et ils étaient restés ahuris quand il les avait mis en garde contre le fait de mentir à la police.

Il se rendait compte du principal avantage: ne pas devoir perdre un temps précieux à essayer de savoir qui mentait. Rien ne mettait Snowe, ou n'importe quel autre flic, plus en colère que d'écouter les suspects déverser pour se disculper des tombereaux de conneries infantiles. J'ai trouvé ce paquet de méthamphétamine sur le trottoir, je savais même pas ce que c'était. C'est pas moi sur cette vidéo, c'est juste un mec qui me ressemble. J'ignorais complètement que mon ex-femme habitait là, je me suis garé là pour déjeuner dans ma voiture. Quelle coïncidence! Dans la salle de repos, en écoutant ses collègues décrire des situations qu'il connaissait encore une semaine plus tôt, il n'avait pas pu s'empêcher de se sentir solidaire. Il se demanda s'il ne devait pas se modérer un peu, se montrer plus hésitant, au cas où quelqu'un se mettrait à soupçonner qu'il manipulait le système.

Il entendit un moteur s'emballer en s'approchant et quelques secondes plus tard une Porsche rouge passa comme une fusée. Snowe s'engagea sur Sycamore Road à sa poursuite. Le conducteur réduisit sa vitesse de moitié, comme tous ceux qui ont la police aux trousses. Snowe aimait bien ce moment. Ils se mettaient à conduire comme s'ils passaient leur permis, ralentissaient à l'orange, mettaient leur clignotant avant de tourner, vérifiaient l'absence de piétons, même tard dans la nuit quand les rues étaient désertes. Oh, un flic derrière moi ? Pas de problème. Ça n'est pas pour moi. Tel un chat qui joue avec sa proie, Snowe tardait à déclencher les gyrophares pour laisser espérer aux conducteurs qu'il n'allait pas les obliger à s'arrêter, et ce jusqu'à la dernière seconde. Il surveillait leur regard quand ils jetaient des coups d'œil rapides dans le rétroviseur en essayant de deviner son intention. Ensuite, quand il attaquait, il voyait toujours chez eux une crispation de dépit, un mouvement de la tête ou de la main, généralement accompagné d'un « Merde ! » retentissant.

Il y avait dans ces instants-là un plaisir que seuls ses collègues connaissaient. Si vous dites à un civil que c'est marrant d'interpeller des conducteurs, il vous déteste immédiatement. Il a recours aux clichés sur les flics qui se vengent de n'avoir pas été invités au bal de fin d'année du lycée, ou d'avoir été chahutés, et qui font payer ça au monde entier maintenant qu'ils ont une arme et un badge. Snowe les avaient tous encaissés, surtout de la part des étudiantes ivres qui, n'ayant pas réussi à le charmer pour éviter une contravention, se demandaient ce qui avait fait de lui une telle brute, un raté, un dégénéré amer et fou de pouvoir, dont le seul plaisir était de pourrir la vie de gens mieux que lui. Il les revoyait au tribunal, accompagnées d'ordinaire de leurs parents, où elles se répandaient en excuses, honteuses. Mais le mal était fait. Il savait qu'on le détestait. C'était ce qui pour un homme blanc, beau et sain se rapprochait le plus du racisme auquel il avait peu de chance d'être exposé un jour, et son jeu du chat et de la souris était sa revanche. Vous ne voulez pas de contravention ? Respectez les limitations de vitesse.

Il marcha vers le conducteur et fut surpris de voir une jeune femme, une jolie petite blonde, probablement étudiante à l'université du Michigan. Des voitures comme celles-là appartenaient d'habitude à des hommes plus âgés. Ça doit être celle de son père, pensa Snowe. « Vous savez pourquoi je vous ai arrêtée ? »

Après une semaine à Wilderness, Snowe était heureux de travailler dans le secteur riche de la ville. Il préférait avoir affaire aux Porsche trop rapides, aux plaintes pour tapage nocturne et aux étudiants ivres qu'aux violences domestiques et aux bagarres. Pour le même salaire. « Je n'en ai aucune idée, répondit la fille avec une innocence exagérée. Je roulais trop vite ? Le compteur ne marche pas, alors c'est difficile à dire.

– Votre compteur va très bien. Je vous ai contrôlée à quatre-vingt-seize dans un secteur à cinquante-cinq.

– Je reviens de rendre visite à ma grand-mère à l'hôpital, dit la fille toute gentille. J'étais sans doute préoccupée.

– Vous revenez d'acheter de l'herbe chez votre copain Jeff, dit Snowe tout gentil lui aussi. Vous avez eu la sagesse de la mettre dans le coffre au cas où vous seriez contrôlée. Nous avons donc deux solutions. Soit vous acceptez votre contravention pour excès de vitesse, soit j'appelle la brigade canine et nous fouillons votre coffre. »

La fille ne répondit pas. Il commençait à se rendre compte qu'ils ne répondaient jamais. Quand chacun de leurs mensonges était aussitôt déjoué ils devenaient muets. C'était magnifique. Le silence et rien d'autre, ils le laissaient appliquer la loi. Ils ne pensaient que *Putain qu'est-ce qui se passe ?* Le nombre de minutes où en une seule semaine les salades répandues par des citoyens résolus à éviter la punition lui avaient été épargnées étaient incalculables. Snowe, quant à lui, avait servi quelques salades. La police de Kearns n'avait pas de brigade canine. « Très bien », dit Snowe, et il retourna à son véhicule pour rédiger la contravention. En la lui tendant quelques minutes plus tard il dit : « Bonne soirée. Conduisez prudemment. » Elle était encore trop secouée pour réagir, mais elle repartit plus lentement que la vitesse autorisée.

Le conducteur suivant était un jeune homme dans une vieille caisse des années soixante-dix avec un feu arrière cassé. « Vous savez pourquoi je vous contrôle ?

– C'est le feu arrière ? Je sais, j'ai cherché partout de quoi le réparer. J'ai commandé l'ampoule en ligne et j'attends toujours. » C'était vrai. Il attendait depuis une semaine et espérait ne pas être contrôlé. De plus, son assurance avait expiré et il ne pouvait pas encore la renouveler parce qu'il était au chômage. Il se rendait dans un bar où il avait un boulot temporaire pour essayer de gagner quelques billets de plus. Snowe le laissa partir avec un avertissement, et il remontait dans sa voiture plutôt content de lui quand il entendit à la radio « Coups de feu ».

Il sut où ça se passait avant même d'entendre l'adresse. Wilderness. Aguilar, le nouveau, et Toomes, cinquante ans, et perpétuellement en colère, qui aimait raconter des blagues racistes à ses collègues quand il croyait que personne d'autre n'écoutait, avaient des ennuis. Snowe prit le micro et répondit qu'il était en route, bien que Wilderness soit à huit kilomètres au moins et qu'il doute d'arriver le premier. Il déclencha les gyrophares rouge et bleu et fonça dans les rues presque désertes de sa ville.

Dans des moments comme celui-là on veut toujours en savoir davantage, bien que la consigne d'urgence soit d'occuper la radio le moins possible. C'était une des rares fois où Snowe aurait aimé avoir un coéquipier... Mais, avec ses nouvelles compétences, rester dans une voiture avec quelqu'un dont il entendrait la moindre pensée le rendrait fou. Tandis qu'une petite pluie tombait sur les rues vides de Kearns il comprit qu'il allait devoir travailler seul désormais.

Snowe entra dans Wilderness, une interminable étendue de maisons basses en brique rouge anciennement connue sous le nom de Wilding Estates. Plus personne ne l'appelait comme ça, sauf les reporters de faits divers. Wilderness avait autrefois logé les employés de l'usine de Kearns, une fabrique de bougies d'allumage qui avait fermé définitivement à la fin des années quatre-vingt. Les bâtiments de briques, avec leurs petits jardins et leurs rues bordées d'arbres, avaient été déclarés logements sociaux, subventionnés en partie par la municipalité, et s'étaient vite remplis de chômeurs réfugiés de Détroit et de Flint, des pauvres en phase terminale qui fuyaient l'effondrement économique de l'État. Kearns était à présent renommé dans tout le Michigan pour l'efficacité de ses services sociaux et de sa nouvelle prison, énorme, seul employeur de la région à offrir encore des avantages syndicaux.

En entrant dans le périmètre, Snowe vit les lumières rouges et bleues d'autres véhicules de police reflétées sur les maisons de briques et lorsqu'il s'arrêta il en trouva déjà quatre. Une foule de résidents, noirs exclusivement, s'était rassemblée dans la rue malgré la pluie. Il y avait par terre une bâche bleue de la police. Snowe vit un pied chaussé d'une tennis blanche qui dépassait de dessous. Il ressentait toujours la même chose devant des corps. Il imagina celui qui s'était chaussé ce jour-là sans savoir que quelques heures plus tard il finirait dans la rue sous une bâche de la police en attendant l'arrivée du légiste. Snowe se demanda à quoi il avait pensé en enfilant ses tennis pour la dernière fois.

Aguilar, le nouveau, était adossé contre sa voiture de patrouille, tête nue, trempé de pluie. Toomes et Kleider se tenaient près de lui. « Il était armé, disait Aguilar. Je sais, j'ai vu un pistolet. »

Snowe savait qu'Aguilar pensait sincèrement avoir vu une arme. Un problème que même lui ne pouvait pas résoudre. Il savait qu'il devait intervenir sur-le-champ, avant l'arrivée des enquêteurs ou des affaires internes de la police de l'État. Il s'approcha de la foule qui se mit aussitôt à l'invectiver.

« Vous allez nous tuer aussi ? »

« Pourquoi y a pas des flics noirs ici ? »

« Il aura une promotion pour avoir descendu un jeune Noir ? Il va être nommé sergent ? »

Snowe s'avança davantage, mais ils étaient trop nombreux, leurs pensées étaient trop sonores, trop aiguës, trop emmêlées. Il demanda : « Quelqu'un a vu quelque chose ? » Il savait que personne ne lui parlerait, surtout pas devant la foule. Aider la police était le seul crime impardonnable dans ce quartier. Il espérait entendre une pensée personnelle qui puisse l'aider.

Regardez dans cette bouche d'égout.

Snowe ne savait pas qui le pensait. Il essaya de repérer le regard de quelqu'un dans la foule, quelqu'un qui essayait de l'aider et n'osait pas se montrer, mais il ne vit partout que de la colère.

Vérifiez la bouche d'égout. Son copain y a jeté l'arme.
Snowe retourna à sa voiture et prit une lampe-torche. La pluie tombait plus dru à présent et la foule s'amenuisait. Il y avait plusieurs bouches

d'égout des deux côtés de la rue. Il pointa sa torche dans celle qui se trouvait le plus près du corps et ne vit rien. Il savait que s'il ne trouvait pas l'arme devant la foule qui l'observait on l'accuserait de l'avoir placée là lui-même. Il contrôla les bouches l'une après l'autre et au moment où le chef Fremantle arrivait sur les lieux il vérifia la plus proche de la foule. Surveillé par toute la rue, et par deux individus à la mine patibulaire debout près de lui, il sortit un pistolet calibre 22 couvert de feuilles mouillées.

Il le brandit et dit à la foule : « Ça ressemble à une arme. Vous pensez que ça pourrait être celle dont il parle ? » Il écouta quelques pensées au hasard. Ils étaient tous réellement surpris. Ils avaient vraiment cru qu'Aguilar avait tué un jeune Noir pour rien, parce que c'était ce que les flics aimaient faire.

« C'est toi qui l'as mis là », cria quelqu'un, plus pour être approuvé par la foule que par réelle conviction. Snowe entendait ce que pensait l'homme. *Je peux leur faire dire que c'est lui qui l'a mis là.*

« Non, ça n'est pas lui, dit un homme plus âgé. J'étais là. Je l'ai vu sortir le flingue de la bouche d'égout. » Snowe voulut le remercier d'un signe de tête, mais l'homme refusa de croiser son regard et s'éloigna.

La foule commença à se disperser. Snowe apporta le pistolet à Aguilar, rayonnant de soulagement et de gratitude en le voyant s'approcher.

« T'es super, Snowe, dit Kleider. Y aurait pu y avoir une émeute. »

Le chef Fremantle lui tapa dans le dos. « Beau travail, petit. » Il souriait. « Ça ne finit pas souvent bien dans ce quartier. » Puis, en se rappelant qu'il y avait un gamin mort sous une bâche à quelques pas de là et que ça ne finissait bien pour personne d'autre qu'Aguilar et la police, Fremantle soupira. « Vous voyez ce que je veux dire. »

« Cet homme-là te doit une bière », dit Toomes à l'intention de Snowe en tapant sur l'épaule d'Aguilar.

4

Le sergent Coffey n'aimait pas ça. Il ne dit rien parce qu'après avoir été un bon soldat il était un bon policier, et qu'il avait passé sa vie à recevoir des ordres qui ne lui plaisaient pas. Il avait connu quatre périodes de service en Irak et travaillé cinq ans dans l'aile U, là où résidaient les détenus mentalement instables et sujets à la violence. Fondamentalement, sa vie professionnelle avait été une suite de boulots de merde, et il avait appris à garder ses réflexions pour lui, mais Terry Dyer put lire la désapprobation sur son visage taillé à la serpe.

Le sergent Coffey avait une vision simple de la vie. Il existait deux types de gens, les bons et les mauvais. La plupart étaient bons. Denny était mauvais. Or, pour une raison que Coffey ne comprenait pas et que personne ne paraissait disposé à lui expliquer, des agents travaillant pour le gouvernement des États-Unis avaient décidé que Denny quitterait sa cellule pour faire un voyage à New York. Apparemment, il y avait une chose que Denny était le seul à pouvoir faire, et qu'à cause de ça il était traité comme un être humain et pas comme l'assassin de flic et dealer de drogue qu'il était. Coffey avait également du mal à comprendre que Denny ait des talents particuliers autres que pour le poker, où on le disait étonnamment fort, et il se demandait s'il s'agissait d'autre chose, une affaire tordue d'espionnage par exemple. Denny parlait peut-être une langue africaine, ou il pouvait faire très vite du calcul mental, ou alors le gouvernement avait simplement besoin d'un bon joueur de poker. Mais du moment que Denny réintégrait sa cellule dans les quarante-huit heures, comme on le lui avait promis, le sergent Coffey n'était pas payé pour s'en mêler. Il n'était pas devenu sergent en discutant tout.

« Vous allez vous amuser, sergent, dit Terry. On vous paie un voyage à New York, et vous serez logé dans un bon hôtel.

– Oui madame », répondit-il impassible.

Tu dois être un sacré boute-en-train dans les soirées, pensa Terry. Elle lui fit un gentil sourire. « Nous pouvons peut-être vous accorder un peu de vacances aux frais de la princesse.

– Je ne vois pas comment. » Il indiqua Denny auquel on fixait un bracelet à la cheville. « Je vais m'occuper de lui. » Terry ne répondit pas, elle vérifiait des dossiers dans son attaché-case.

Le technicien qui installait le bracelet se tourna vers Terry. « OK, il est relié. Essayez-le. »

Elle appela Emmanuel qui regardait l'écran de l'ordinateur dans le bureau de Washington. « Ça marche. Vous êtes à la prison de Dunlap dans l'Oklahoma.

– C'est bien là que nous sommes », dit-elle gaiement. Elle regarda Denny qui portait le même costume qu'à son procès, six ans plus tôt, et qui lui allait plutôt bien. C'était un costume de qualité et Denny était un bel homme avec une coupe de cheveux correcte. Il ne détonnerait pas dans les locaux des Nations unies, sûrement pas avec le badge et la sacoche qu'elle avait apportés pour lui.

« Vous êtes superbe, dit Terry à Denny en tirant sur le dos de son veston pour qu'il tombe mieux. Il vous va bien. » Elle remercia le technicien et dit au sergent Coffey : « Bon. En route pour New York. »

Quand le sergent Coffey avait découvert le jet privé qui les attendait sur la piste d'un terrain d'aviation dont il ignorait l'existence, il avait été visiblement impressionné. Si l'affaire était importante au point qu'il y ait un jet privé, il faisait peut-être réellement quelque chose de bien pour son pays. Il regarda Denny avec ce que Terry interpréta comme de l'admiration, mêlée de perplexité, comme s'il pensait : mais enfin qu'est-ce qui se passe avec ce type ? Ce n'était pas la première fois que Terry aurait souhaité être télépathe. Est-ce que ça serait génial de connaître le monologue intérieur de tout un chacun ? Elle chassa cette idée. Elle savait comment l'histoire se terminait.

Dans l'avion elle alla s'asseoir en face de Denny, harnaché de chaînes, qui regardait par le hublot les nuages et le soleil. « Comment ça va, Brooks ?

– Bien. »

Encore un fin causeur, pensa-t-elle. Les gars de l'Oklahoma n'avaient pas l'air très bavards. « Sergent, dit-elle à Coffey qui refusait de s'éloigner de Denny de plus de trois pas depuis qu'ils avaient quitté la prison, j'ai besoin d'être un moment seule avec le détenu. » Elle savait que Coffey préférait qu'elle parle de Denny comme du « détenu » en le privant de son nom. Coffey se leva sans un mot et se dirigea vers l'avant de l'appareil.

« Voilà ce qui va se passer », commença-t-elle, mais le regard de Denny s'était animé dès l'instant où Coffey s'était éloigné, comme si on avait appuyé sur un bouton. Il l'interrompit.

« Qu'est-ce qu'il y a chez vous ?

– Que voulez-vous dire ?

– Pourquoi je ne peux pas entendre ce que vous pensez ? » Il se pencha en avant et baissa la voix. « Vous êtes la seule personne que j'ai rencontrée en un an dont je ne peux pas entendre ce qu'elle pense. » Il réfléchit une seconde et haussa les épaules. « C'est vrai que je n'ai pas rencontré grand monde, mais vous voyez ce que je veux dire.

– Enfant, j'étais épileptique. J'ai été opérée, on a trifouillé dans une partie du cerveau qu'on appelle le corps calleux. Ça me rend inaccessible aux curieux. » Elle lui sourit. « C'est pour ça que je travaille dans cette agence. »

Denny la regardait comme s'il avait davantage de questions à lui poser, et elle savait comment réagir. Ils voulaient toujours en savoir plus. Ils lui poseraient des questions à longueur de journée si elle les y autorisait. « Dans un mois je serai la seule personne intéressante que vous connaîtrez.

– Nous nous connaîtrons encore dans un mois ? » Il était sceptique.

« Je l'espère. J'espère que nous pourrons travailler longtemps ensemble.

– Je pourrais être exécuté à tout moment.

– Nous pouvons en parler au gouverneur.» Terry ouvrit un dossier et déplia la table entre leurs sièges en espérant montrer qu'elle voulait se remettre au travail. «Un coup de téléphone a suffi pour que vous soyez dans cet avion, un autre serait tout aussi facile.»

Denny secouait la tête, presque imperceptiblement. «Attendez. Vous pourriez appeler le gouverneur et faire annuler ma condamnation à mort?

– Oui. Nous pourrions avoir à le faire. Dans dix ans à peu près nous pourrions même demander votre libération, pour que vous veniez travailler pour nous. Un homme avec vos dons est évidemment très précieux.»

Denny se redressa et regarda longuement Terry. «Je me demande ce que la famille du flic que j'ai tué dirait de ça.

– Nous pouvons nous en occuper plus tard. Si tout se passe bien aujourd'hui nous pourrons envisager un avenir ensemble», dit-elle avec un rire aguicheur. Terry avait la nette impression qu'il ne la croyait pas, même si elle lui disait tout ce qu'un homme dans sa situation souhaiterait entendre. Elle ouvrit le dossier et montra à Denny une photo grand format sur papier glacé d'un Noir à l'air angélique dans les cinquante-cinq ans. «Nous pourrons en reparler. En attendant, regardez ce portrait.

– Qui est-ce?

– Il s'appelle Jean-Paul…» Elle regarda toutes les lettres du nom de famille et renonça, elle indiqua seulement le nom inscrit dans le dossier. Biakalabatuka. Ils essayèrent tous les deux de le prononcer en détachant les syllabes et quand ils se mirent à rire le sergent Coffey leur lança un regard de désapprobation manifeste. Terry se pencha vers Denny, assez près pour l'embrasser, et murmura: «Je pense que le sergent n'aime pas nous voir rire.

– Je le pense aussi», répondit Denny qui commençait visiblement à s'amuser. Il examina la photo. «Alors, qu'est-ce qui se passe avec ce bonhomme?

– Nous cherchions à acheter une raffinerie de pétrole de son pays. Il refusait de la vendre. Et soudain, la semaine dernière, il nous a appelés en nous la proposant à un prix très au-dessous de sa valeur. Naturellement, nous sommes méfiants. Vous allez nous dire ce qui se passe.

– C'est tout?

– C'est tout. Vous serez assis dans une pièce juste à l'extérieur de celle où se tient la réunion. Il y a un miroir sans tain. Vous me direz simplement ce que Biaka-machin pense, et je le transmettrai à notre agent qui participe à la réunion.

– Ça va être marrant.

– J'espérais que vous diriez ça. Ensuite, ajouta-t-elle en chuchotant et en posant légèrement la main sur la jambe de Denny, nous irons dîner. Rien que vous et moi et le bracelet à votre cheville.

– Dîner?

– Si vous travaillez bien.»

Le terrain d'aviation où ils atterrirent se composait d'une piste et d'un seul bâtiment, avec une voiturette de golf garée devant. Un jeune garçon assis dedans regarda Coffey retirer les chaînes de Denny sur la piste, où le rugissement du moteur noyait toute possibilité de conversation. Puis, chargé des chaînes et sans regarder Terry ni Denny, le sergent Coffey se dirigea vers la Town Car Lincoln où deux policiers militaires attendaient. Ils étaient en civil comme l'avait exigé Emmanuel.

« Il a l'air contrarié, cria Terry à Denny tandis que le pilote coupait les moteurs et que le bruit commençait à diminuer. Qu'est-ce qu'il pense ? »

Denny haussa les épaules. « Il ne m'aime pas. Il trouve que j'ai trop de privilèges. Il veut envoyer un texto à sa copine à la prison pour lui en parler.

– À sa copine et pas à sa femme ? »

Denny rit. « Il a dit à sa femme qu'il ne rentrait que jeudi. Comme ça il peut passer une nuit chez sa copine. »

Terry se mit aussi à rire. « Oh, le vilain. » Denny faisait l'expérience de la nouvelle liberté de ses membres débarrassés de leurs chaînes, et Terry s'émerveillait du pouvoir qu'il avait. Le sergent Coffey, l'image de l'autorité sortie tout droit d'une agence de casting avec son allure militaire, sa boule à zéro et les chaînes dans les mains, n'était qu'un de plus à mentir à sa femme. C'était facile de voir pourquoi les télépathes devenaient rapidement incontrôlables, se dit Terry. Au bout de quelques semaines après s'être fait repérer ils avaient aussi tendance à mettre fin à leurs liaisons. Quand Terry les trouvait, ils s'étaient déjà presque toujours séparés de leur femme ou de leur maîtresse. Apparemment, comprendre sa femme n'amenait pas à l'aimer davantage. De fait, ça avait généralement l'effet opposé.

« J'aimerais savoir ce que vous pensez », dit Denny en la regardant avec ce qu'elle prit pour de l'affection.

Les deux officiers de la police militaire se présentèrent à Terry et ordonnèrent à Denny de s'asseoir à l'arrière entre l'un d'eux et le sergent Coffey. Terry s'assit à l'avant et l'autre les conduisit en ville. Emmanuel avait aussi demandé aux policiers de ne pas poser de questions, et le trajet fut donc silencieux.

Après des années en cellule d'isolement, Denny avait l'occasion de revoir le monde pour la première fois. Il fut surpris par l'activité frénétique du centre de Manhattan. Tout ça se passait quotidiennement pendant qu'il était assis sur son lit et regardait les murs. Ici un boucher examinait de la viande dans un camion, deux femmes marchaient un gobelet de café à la main en bavardant avec animation, là un Arabe vendait des hot-dogs. Dans quarante-huit heures ce seraient de nouveau les murs blancs et les portes en acier, et pour seule couleur l'orange de sa combinaison. Quand on l'exécuterait, le monde continuerait de tourner.

Il savait qu'il serait exécuté. Cette femme aux manières enjôleuses, et à l'élégant calibre 25 dans son holster qu'elle croyait invisible, le roulait dans la farine, il le savait. Il avait tué un flic. Elle le pensait vraiment assez idiot pour croire qu'il allait être gracié et travailler pour le gouvernement ? La question était : pourquoi lui mentait-elle ? Il aurait fait ça rien que pour pouvoir sortir quarante-huit heures de sa boîte. Certaines personnes mentaient même quand la vérité était plus commode, mais la plupart de celles-là étaient enfermées comme lui. Avec Terry il n'était sûr que d'une chose : elle sentait bon, elle avait une jolie silhouette, et rien que l'effleurer allait suffire à le combler jusqu'à ce qu'il retourne dans sa boîte et laisse son imagination se déchaîner.

Il leva les yeux vers un affichage géant où éclatait de rire un acteur célèbre, il ne se rappelait pas son nom. Pourquoi cet acteur était-il là et lui à l'arrière de cette voiture, flanqué d'hommes armés chargés de s'assurer qu'il retournerait dans sa cellule d'acier et de béton pour mourir ? Quels choix avait faits l'acteur ? Quelles chances lui avait-on données ? Les prisonniers dans la cour aimaient se vanter de n'avoir jamais eu le choix, d'avoir été foutus dès la naissance. C'était vrai pour certains. Certains d'entre eux avaient eu une mère prostituée ou droguée, un père violent ou absent, ou tué pendant le braquage d'un magasin de vins et spiritueux. Il y avait dans leurs tragédies une similitude qui les rendait quelconques, mais qui expliquait qu'ils soient en prison à Dunlap. Denny, lui, considérait qu'il n'avait pas vraiment d'excuse. À part une violence sporadique de la part de son père, qui avait commencé à faire de la prison quand Denny avait douze ans, il avait vécu à peu près la même existence que n'importe quel autre enfant de la petite bourgeoisie. Dans les magazines qui parvenaient à la prison de temps à autre, Denny avait lu l'histoire de quelques célébrités. Certaines n'avaient pas été mieux loties que lui.

Il y avait eu des moments dans sa vie où il avait cru à sa chance. Il avait terminé le lycée. Il s'était engagé dans l'armée. Quand il était stationné en Allemagne, il avait rencontré un type et ils avaient projeté de monter une affaire ensemble dans l'Oregon à leur retour. Une affaire de bateaux. Le type construirait les bateaux et Denny les vendrait. Il pouvait vendre n'importe quoi. Des tas de riches en Oregon avaient besoin de bateaux, et lui et Denny partageaient une bouteille de Jack Daniel's en rêvant de leurs futurs succès. L'autre parlait de son chantier et de sa maîtrise du métier, et Denny de vendre à des riches connards avant de baiser leurs femmes.

Un soir ils en étaient venus aux mains et leur amitié avait été rompue. C'était peut-être le moment où tout avait commencé à s'effondrer, qui l'avait conduit dans cette Lincoln. Il était coléreux, et ses explosions détruisaient ses efforts. Cette même colère lui avait valu de retourner à la vie civile avec des états de service déplorables pour avoir agressé un de ses sergents. Il avait un dossier chargé, surtout avec la mention du flic mort, mais il ne se sentait pas aussi mauvais que tout le monde le pensait. C'était lui qui aurait dû être sur cette affiche.

« Nous y sommes », dit Terry quand ils pénétrèrent dans le bâtiment des Nations unies. Trois gardes en uniforme vinrent à leur rencontre et l'un d'eux fit le tour de la voiture avec un berger allemand qui reniflait partout. Denny se rappela sa carrière avant qu'il ait tué le flic, alors qu'il circulait avec des kilos de coke dans son coffre, les mains crispées sur le volant quand il voyait sur le bord de la route un flic avec un chien, en train de fouiller une famille mexicaine tandis qu'il passait en trombe, protégé une fois de plus par son héritage anglo-saxon. Il s'y revit pendant une seconde, la tension, comment ça s'était passé ce jour-là…

Un autre garde muni d'une perche terminée par un miroir vérifia sous le véhicule et ils furent autorisés à avancer. Le policier assis à côté de Denny pensait à son déjeuner. Le sergent Coffey se demandait s'il aimerait travailler là, à inspecter les véhicules. Il se disait que c'était un travail tranquille. Il doutait qu'il puisse arriver quoi que ce soit de dangereux et pariait qu'ils gagnaient le même salaire que les surveillants de prison. Il se porterait peut-être candidat. Le chauffeur pensait à trouver une place où se garer. Denny ne savait naturellement pas ce que Terry pensait. Ça l'embêtait. Elle était vraiment bizarre. Peut-être à cause de son boulot top secret, de sa fréquentation des télépathes. Quelques mèches brunes débordaient de l'appuie-tête, et il l'imagina nue, ses cheveux répandus sur son oreiller dans sa cellule. La prochaine fois qu'elle viendrait à la prison elle pourrait faire une demande de visite conjugale. L'idée le fit sourire.

Le chauffeur descendit dans un parking souterrain, se gara et coupa le moteur. L'absence de bruit et de mouvement les enveloppa. Denny entendit les autres respirer.

« Bien, dit Terry en se retournant vers Denny assis les mains sur les genoux. Allons gagner notre salaire. »

Il marchait entre les deux policiers, mais ils avaient reçu l'ordre de ne pas laisser voir qu'il était prisonnier. Denny se dit que les gens qui circulaient dans le bâtiment et vaquaient à leurs occupations n'avaient pas envie de voir des gardes armés et des détenus se balader. Ils prirent l'ascenseur jusqu'au dix-huitième étage et suivirent le couloir jusqu'à une pièce sombre. Une grande vitre donnait sur une salle de réunion bien éclairée. « N'allumez pas, ordonna Terry. C'est une glace sans tain. » Elle alla déposer son attaché-case dans une petite pièce à côté, revint et indiqua un siège à Denny.

« Asseyez-vous là. »

Elle dit au sergent Coffey et aux policiers de les attendre dehors. « Restez de l'autre côté de la porte.

– Oui madame », répondirent les policiers. Le sergent Coffey se renfrogna et les suivit. Terry ouvrit un ordinateur portable et le posa sur le bureau pendant que Denny regardait dans la salle de réunion vide, les mains sur les genoux. « Bon, voilà comment ça va se passer », dit-elle, très professionnelle, toute minauderie disparue. « Vous me dites ce que notre ami africain pense et je le taperai là-dessus. Un de nos hommes aura son ordinateur ouvert dans la salle pour que nous puissions lui envoyer les messages. Compris ?

– Oui.

– Parlez bas. Les murs sont minces.

– D'accord. »

La porte de la salle de réunion s'ouvrit et plusieurs hommes entrèrent et se serrèrent la main en bavardant aimablement. La plupart étaient noirs et Denny reconnut l'homme dont Terry lui avait montré la photo dans l'avion. Il était immense, deux mètres au moins, avec un ventre énorme et un visage jovial, mais même sans ses dons de télépathe Denny aurait pu dire qu'il était capable de cruauté et de violence. Il avait le genre de sourire qui cache quelque chose. L'homme s'assit en bout de table, tout près de Denny, dos au miroir, et fit signe aux autres de s'asseoir. Ils s'exécutèrent aussitôt. Les salutations étaient terminées.

Denny rapprocha son siège du mur. « C'est mieux comme ça, chuchota-t-il à Terry. Je l'entends plus fort. » Elle acquiesça.

À l'autre bout de la table se trouvaient deux Américains, blancs. Le plus jeune ouvrit son ordinateur portable et se mit à écrire, et Denny s'aperçut que Terry tapait une réponse. Le plus âgé était un homme distingué et courtois, avec un sourire aussi trompeur que l'Africain, mais sans la nuance de cruauté. Denny l'avait déjà vu quelque part, peut-être aux informations avant d'aller en prison. Tous étaient assis et il y eut quelques secondes de silence. Personne ne voulait ouvrir la réunion.

« Il est gay, dit Denny.

– Qui ?

– L'Africain.

– Gay ? Vous êtes sûr ? » Terry écrivit. « Comment le savez-vous ?

– Le jeune Blanc lui plaît. »

Terry transmit ça également et ils gloussèrent quand le jeune type, surpris, leva la tête et dévisagea Biakalabatuka. Il tapa une réponse et Denny la lut. « Il vient de promulguer dans son pays une loi qui rend l'homosexualité passible de la peine de mort. »

Denny allait dire quelque chose mais il commença à entendre un raisonnement de

Biakalabatuka. Ils parlaient de la raffinerie, qu'il était à présent prêt à vendre.

« Il veut être payé en liquide et quitter le pays, dit Denny. Il va y avoir un soulèvement dans les prochaines semaines. Il va être chassé. Il le sait. La raffinerie ne lui appartiendra plus. Les rebelles vont prendre le pouvoir et ils ne permettront pas que les Américains l'achètent. » Les Américains. Il pensa qu'il aurait dû dire « nous ». Il était censé travailler en équipe. « Il veut empocher la somme en liquide aussi vite que possible. »

Terry pianotait furieusement, le visage rayonnant d'énergie. Le jeune type qui lisait son message dans la salle gardait une expression neutre, il se pencha vers le plus âgé et ils se parlèrent posément quelques secondes.

« Nos services de renseignement nous informent que vous pourriez avoir des difficultés à conserver le pouvoir », dit le plus âgé.

Biakalabatuka nia farouchement pendant que son interlocuteur lui souriait amicalement.

« Nous pouvons peut-être vous aider. Nous pouvons sans doute vous apporter un soutien, pour que vous restiez ici. »

Biakalabatuka se tut. *C'est pas trop tôt...*

L'Américain sut qu'il avait l'affaire en main. Il se cala dans son fauteuil et sourit. « Mais il nous faudra quelque chose en échange. »

Le sergent Coffey s'impatientait. Il avait entendu Terry proposer à Denny de l'emmener dîner et il essayait de trouver qui appeler pour s'assurer que ça n'arrive pas. C'était une chose de l'amener aux Nations unies pour faire ce qu'ils avaient à y faire, mais c'en était une autre d'inviter un détenu du couloir de la mort à passer une soirée en ville. En outre, si lui-même et les gars de la police militaire ne les accompagnaient pas, Terry avait-elle pensé à quel point c'était sacrément dangereux ? Denny était un tueur de flic reconnu et elle une femme menue. Un coup de poing de Denny et ce serait la fin de la carrière de Coffey. Et comment croire que ce foutu bracelet à la cheville pouvait servir à quelque chose ? Ils pourraient voir son petit clignotement sur la carte pendant que Denny se précipiterait dans une quincaillerie acheter une pince coupante. Mais après ça il serait libre. S'il avait son mot à dire, Denny n'irait nulle part.

Il demanda aux deux policiers qui commençaient à s'ennuyer debout dans le couloir s'ils voulaient du café et alla dans la salle de détente où il avait remarqué un distributeur. En cherchant des gobelets il aperçut l'attaché-case de Terry sur la table. Pour quel genre d'agence cette femme travaillait-elle, bon sang. La CIA ? Le FBI ? Elle avait accès aux affaires ultrasecrètes et assez d'influence auprès du gouverneur pour qu'un détenu du couloir de la mort quitte la prison, elle pouvait obtenir l'aide de la police militaire, des jets et des terrains d'aviation privés, mais elle n'avait jamais dit clairement à quelle agence elle appartenait.

Il jeta un coup d'œil à la porte puis essaya la fermeture de l'attaché-case. Il s'ouvrit. Tout en restant attentif aux bruits dans le couloir il examina le contenu.

Au-dessus se trouvait la carte d'une zone marécageuse dans le New Jersey. Coffey la regarda avec perplexité. Bizarre. Au-dessous, la confirmation d'une agence de voyages avec leurs réservations d'hôtel. James Coffey, une suite. Quoi? Il allait partager une suite avec Denny? Surveiller Denny tout seul? Et les policiers, où seraient-ils? Ils n'allaient pas l'aider? À côté de la feuille il trouva son billet d'avion. Pour le lendemain après-midi, de La Guardia. En première classe. Ça, c'était bien. Mais pourquoi sur un vol commercial? Et pourquoi n'y avait-il pas de billet pour Denny?

Il trouva l'itinéraire de Terry. 12h30 Atterrissage. Police militaire. 14h15 ONU. 17h30 Dîner Denny New Jersey. 19h00 Retour voiture police militaire. 20h00 Coffey.

Elle veut me voir ce soir? Pourquoi?

21h35 Train Washington. Elle retournait le soir même à Washington.

Coffey examina la carte du New Jersey et les routes menant de Manhattan à la zone marécageuse. Pas vraiment de restaurants par là. Un stade de foot, des routes, et une vaste étendue vide. Il n'y avait ni billet ni réservation pour Denny après le dîner à 17h30. Qu'est-ce qui se passait nom de Dieu? Pourquoi avait-elle besoin de le voir lui, Coffey, après leur dîner? Et Denny, qu'est-ce qu'il devenait?

La zone marécageuse. Pourquoi avait-elle une carte de cette zone qui ne contenait rien? D'innombrables films lui avaient appris que c'était là que la mafia se débarrassait des corps.

D'accord, réfléchis. Les choses sont toujours plus simples qu'elles le paraissent à première vue. Qui n'a pas besoin d'un billet de retour ? Quelqu'un qui ne retourne pas d'où il vient. Denny ne retournait pas dans l'Oklahoma.

Qui a besoin de la carte d'un secteur où on se débarrasse des corps ? Quelqu'un qui y va. Avec quelqu'un qui ne retourne pas dans l'Oklahoma.

Soudain tout devint clair. Il remit les papiers à leur place et ferma doucement l'attaché-case, puis il fit trois gobelets de café, un pour lui, deux pour les policiers. Il n'était plus en colère.

Cette femme était de la police secrète. Voilà pourquoi elle ne disait jamais pour quelle agence elle travaillait. Elle allait emmener Denny dans les marécages et lui offrir ce que le système judiciaire avait décidé qu'il méritait.

Il lui souhaita intérieurement un excellent dîner. Il éprouvait un tout nouveau respect pour Terry Dyer.

« Nous avons terminé, dit Terry en ouvrant la porte. Entrez. »

Elle leur tenait la porte avec un grand sourire. Coffey entra et vit Denny assis dans son fauteuil, l'air d'avoir résolu tous les problèmes de la terre. Quoi qu'il se soit passé là, ça avait dû bien marcher.

À travers la vitre il voyait les hommes se serrer la main, tout souriants. Tout le monde était content. Coffey fit signe à Denny de se lever et pour la première fois depuis qu'ils avaient quitté l'Oklahoma, il lui sourit. *Lève-toi, tas de merde tueur de flic,* pensa-t-il. *Ton amie, la dame, là, a une belle surprise pour toi.*

Denny se mit debout avec un drôle de regard pour Coffey. Puis il vit Terry qui fermait son ordinateur et débarrassait la table où elle avait travaillé. « Je dois parler un instant avec ces gens-là, dit Terry à Coffey et aux policiers. Je vous retrouve au parking dans dix minutes.

– Bien madame », répondit le sergent Coffey tout joyeux tandis qu'elle passait devant lui pour sortir dans le couloir. Elle lui sourit, ravie de le voir changer d'attitude.

Coffey se retourna vers Denny qui le dévisageait comme s'il le remarquait pour la première fois. Pendant sa seconde affectation en Irak, Coffey avait été gardien auprès d'un groupe d'agents de la CIA chargés des interrogatoires. Quand ils torturaient un prisonnier en lui faisant subir une simulation de noyade, ils appelaient ça « lui donner un bain ». Ils étaient effrayants avec tous leurs noms de codes pour les diverses tortures. Il se demanda si « aller dîner » en était un dans les services secrets pour dire « supprimer quelqu'un » ou si seulement Terry et son département l'utilisaient.

« Vous allez dîner avec la dame », dit Coffey tout content en faisant signe à Denny de sortir. Les deux policiers le précédaient en direction de l'ascenseur. Denny ne souriait plus maintenant. Il avait l'air nauséeux, en sueur. Coffey se demanda comment il avait pu être assez bête pour croire qu'un agent fédéral emmènerait réellement dîner un détenu du couloir de la mort. Merde, du moment qu'un con tel que Denny le croyait, c'était tout ce qui comptait.

Denny était effectivement en sueur. « Vous vous sentez bien ? » lui demanda Coffey en essayant d'adopter les manières de quelqu'un de sincèrement préoccupé. Denny lui lança un long regard absent. Quelque chose ne tourne pas rond chez ce type, se dit Coffey. « Vous vous sentirez mieux quand vous dînerez », dit-il en donnant à Denny une tape qu'il espéra amicale sur l'épaule. Denny baissa les yeux sur la main posée sur son épaule et fit un mouvement pour s'en débarrasser.

Coffey se mit à rire. « Oh, d'accord. »

Ils étaient arrivés devant l'ascenseur et les deux policiers fixaient les chiffres qui s'affichaient au fur et à mesure de sa descente. 28 27 26. Ils l'attendaient au dix-huitième, mais l'ascenseur était rapide. 25 24 23. Une femme entre deux âges, qui parlait dans un micro relié à des écouteurs – dans une langue que Coffey pensa être du russe – tout en prenant des notes, s'approcha et attendit avec eux. Denny regardait son stylo. Coffey s'interposa entre eux, craignant qu'il ne parle à cette femme. Mieux valait éviter que le détenu communique avec des étrangers. Simple bon sens.

Denny regardait intensément le stylo. Puis il leva les yeux sur les deux policiers qui bavardaient à voix basse, probablement de la soirée qu'ils allaient passer en ville avant de retrouver leur poste.

22 21 20.

Coffey regarda distraitement les chiffres. Demain à la même heure Denny sera mort, pensa-t-il. Coffey n'avait pas de pensées romantiques sur la mort. Certains la méritaient et d'autres pas. Les types avec qui il avait servi en Irak ne la méritaient pas. Denny la méritait.

19 18. Bling.

Deux semaines plus tard, quand le sergent Coffey serait assis devant le comité d'évaluation du personnel pénitentiaire qui déciderait de son licenciement ou pas pour faute grave, il parlerait de la vitesse à laquelle tout s'était passé. L'unique chose qui lui viendrait en tête pour sa défense. Une vitesse incroyable. Il fallait le voir pour le croire. Le sergent Coffey avait voulu se placer entre Denny et la femme russe pour éviter toute communication, et ce faisant il avait largement écarté les jambes comme en position repos. Il n'avait pas remarqué que Denny s'était très légèrement tourné et à peine rapproché, ce qui lui avait permis de lui envoyer un coup de genou dans les parties avec une vitesse et une force dont le souvenir ferait encore grimacer Coffey. Il les couvrirait carrément avec les mains en décrivant l'épisode au comité.

Coffey fut instantanément paralysé de douleur et les mains de Denny se placèrent autour de son cou avant qu'il puisse reprendre haleine. Il lui cogna la tête contre les boutons d'appel de l'ascenseur et Coffey s'écroula. Un des policiers s'était avancé, mais il n'avait pas eu la présence d'esprit de jeter son café brûlant et Denny lui envoya le gobelet dans la figure. Il tomba en arrière en criant de douleur, les mains sur les yeux. L'autre policier jeta son café et saisit Denny à bras le corps, l'entraînant dans l'ascenseur. Bien que ceinturé, Denny appuya frénétiquement sur le bouton pour que la porte se ferme avant que les deux autres reprennent leurs esprits. Quand le souffle de la fermeture se fit entendre, la dernière image que vit Denny fut celle de la Russe atterrée par la disparition du stylo qu'elle avait en main.

Avant de le lui arracher pendant qu'elle assistait pétrifiée au déchaînement de violence, Denny avait remarqué qu'il était en métal. C'était une merveille lourde et coûteuse, le parfait stylo à offrir en cadeau, de la catégorie strictement interdite en prison. Denny coinça le type qui le ceinturait contre la paroi de l'ascenseur et se mit à le frapper, donnant une parfaite illustration du motif de cette interdiction.

Le policier tint bon et détourna la tête. À la deuxième ou troisième tentative, Denny réussit à lui planter le stylo dans l'oreille, et à sa grande stupéfaction il ne put pas le retirer. Le type l'agrippait et le frappait, mais ses mouvements étaient faibles et il perdait l'équilibre. Il faisait n'importe quoi. Ses pensées étaient dominées par la panique et la confusion. Denny comprit qu'il était foutu à cause du stylo dans son oreille. Il le saisit à la gorge et le fit tournoyer en lui cognant la tête contre la paroi, encore et encore.

La porte s'ouvrit. La foule qui s'apprêtait à entrer vit Denny, les mains autour du cou de l'homme, lui frapper la tête contre l'acier inoxydable de l'ascenseur qui était couvert de fines éclaboussures de sang. Une femme qui se dirigeait vers la cabine s'arrêta soudain, comme si elle était arrivée au bord d'une falaise, et poussa un cri. Denny l'ignora et frappa encore plusieurs fois la tête du policier contre la paroi tandis que la porte se refermait. Il appuya sur le bouton du rez-de-chaussée, et, dans sa précipitation, il appuya aussi sur celui du premier.

Le policier résistait encore, mais il faiblissait visiblement. Il essayait de prendre son arme à sa ceinture. Denny lui envoya un coup de pied dans la tête et il s'immobilisa. Ses pensées ralentissaient et devenaient inaudibles. Le sang coulait de son oreille et une flaque se formait sur le sol. Denny voulut lui prendre son pistolet sous son blouson, mais l'arme était dans un holster sécurisé. La porte s'ouvrit de nouveau, d'autres personnes attendaient dehors. Cette fois, un petit Asiatique entra, trop occupé à parler dans son portable pour remarquer un homme en sang par terre et un autre debout près de lui. La porte se ferma à l'instant où il regardait autour de lui et prenait conscience de ce qui se passait.

Effaré, terrorisé, il regardait Denny droit dans les yeux. Denny n'eut pas à lire dans ses pensées pour savoir qu'il avait la situation bien en main. Il tourna le dos à l'homme pétrifié sur place et se mit à détacher le holster du policier pratiquement inconscient, et le ceinturon complet vint avec malgré ses faibles tentatives pour les retenir. Denny lui frappa les mains et lui enleva son badge, qu'il accrocha à sa propre veste. Il mit le ceinturon et s'adressa à l'Asiatique paniqué.

« Salut. » Denny était hors d'haleine, le visage aspergé de sang, la morve coulait de son nez. « Donnez-moi votre mallette. »

L'homme ne broncha pas. Bling. Premier étage. La porte s'ouvrit. Personne n'attendait. C'était l'étage sur lequel Denny avait appuyé par mégarde. Denny arracha la mallette des mains de l'homme et le poussa sur le palier. Puis il commença à traîner le policier inconscient à l'extérieur de la cabine sous les yeux de l'Asiatique horrifié qui ne savait visiblement que faire. La porte se ferma sans cérémonie sur la tête du policier et se rouvrit automatiquement. Denny le balança sur le palier et attrapa l'ascenseur juste à temps. Il aperçut par terre le portable que l'Asiatique avait utilisé quelques secondes plus tôt. Il le ramassa, et quand la porte s'ouvrit au rez-de-chaussée il se dirigea rapidement vers la sortie en tenant un discours incohérent au téléphone comme s'il était en retard pour un rendez-vous. Les gardes ne le regardèrent même pas. Il n'entendit l'alarme que lorsqu'il fut dehors au soleil. Il poursuivit sa route.

5

Denny comprit tout de suite qu'il n'était pas sorti dans la rue mais dans un espace clos. La rue se trouvait au-delà d'une longue grille et il y avait des gardes partout. Il calcula qu'il disposait d'environ une minute. Les gardes ne semblaient pas avoir été alertés. Il vit devant lui l'entrée par laquelle ils étaient passés. À sa gauche, une sorte de péage, avec d'autres gardes et des voitures qui se faisaient contrôler. Directement devant lui, un écriteau indiquant *Centre des visiteurs. Veuillez nous excuser pour la gêne occasionnée durant les travaux de réaménagement.* Il entendit des marteaux piqueurs et se dirigea vers le bruit.

« Vous ne pouvez pas passer par là, dit un des ouvriers en agitant la main. Il faut faire le tour. » Denny alla droit sur lui. « Hé ! » cria l'ouvrier.

« Je suis de la police », répondit Denny. Il essaya vainement de sortir le pistolet du holster, le dispositif de sécurité le maintenait en place. Merde. Il remonta sa veste pour montrer l'arme dans son holster, et l'ouvrier recula, perplexe. Denny se souvint qu'il portait un badge de la police militaire, une arme et une mallette. Quel genre de policier transporte une mallette ? Il avait trop d'identités, il devait en choisir une. L'ouvrier se ressaisissait et s'approcha de nouveau de lui.

« Police ou pas, personne ne passe. » Il s'avança davantage et Denny entendit ce qu'il pensait en remarquant le sang sur son visage et probablement un regard un peu fou. *C'est qui ce bonhomme ? Putain, il fait peur.*

« Ça vaut le coup de mourir ? lui demanda Denny. Si vous approchez je dégaine. » Il ne pouvait pas sortir le foutu pistolet de son holster, mais l'autre n'en savait rien, et il recula une main en avant. « Allez-y. » Et Denny le vit chercher son portable de l'autre.

Denny courut dans des flaques de boue et ouvrit une porte en acier menant au centre des visiteurs. Une pancarte annonçait *Pavillon des Droits de l'Homme* avec une flèche pointant vers une galerie. Des poseurs de moquette levèrent la tête. « Vous vous trompez de chemin », dit l'un d'eux en indiquant une autre pancarte : *Pavillon des Droits de l'Homme. Fermé.*

Denny continua d'avancer en laissant de la boue sur la moquette à peine posée. « C'est quoi ça, bordel ? » cria l'un des ouvriers et il se releva. Merde, Denny aurait aimé dégainer. Au lieu de quoi il s'élança au pas de course. L'ouvrier tenta de l'intercepter, mais il le manqua d'un cheveu.

Un muret en ciment à hauteur de ceinture fermait le bout du couloir et Denny sauta par-dessus. De l'autre côté il vit une jeune femme en tailleur bleu qui portait un badge à son nom. Une guide touristique. Accompagnée de visiteurs. Un groupe de quinze à vingt Japonais regardaient fixement Denny.

« Pardon, monsieur, vous êtes perdu ? » demanda-t-elle. Il passa en trombe devant elle.

Avant de s'élancer dans une nouvelle galerie, celle-là tapissée de gigantesques photos d'enfants africains, il aperçut la porte vitrée menant à la rue. Un garde se tenait dans la cabine. Denny courait toujours. Le garde parlait avec quelqu'un. Un téléphone sonna. Denny passa devant la cabine et la porte en verre s'ouvrit automatiquement. Il entendit le garde l'appeler. Il était dans la rue.

Continue. Plus vite. Il sentait ses poumons brûler. Sa tête tournait. Cours ! s'ordonna-t-il. Des années dans une boîte en béton l'avaient détruit. Il aurait dû essayer de se maintenir en forme dans la cour. En forme pour quoi ? Un voyage vers l'exécution? Le couloir de la mort n'incite pas vraiment à prendre soin de son corps. Il traversa un parking d'où un car de touristes débouchait sur une large avenue. Il plongea derrière le car et traversa la chaussée, passa devant la statue d'un homme à cheval plantant quelque chose dans un dragon prostré, puis il prit la 46e. Elle grimpait et il s'essoufflait. Ses jambes devenaient cotonneuses. Il héla un taxi à un coin de rue.

Le taxi s'arrêta.

Denny traversa nonchalamment, salua le chauffeur d'un signe de tête, monta et claqua la portière. « Allez-y, dit-il.

– Où ça ? »

Denny était assis directement derrière l'homme qui ne pouvait pas voir ses cheveux emmêlés, son visage maculé de sang et de morve. Tant mieux.

Il avait envie de crier : Où ? On s'en fout ! Tirons-nous d'ici ! Il remarqua le Plexiglas pare-balles qui le séparait du chauffeur. Même s'il arrivait à sortir ce maudit pistolet du holster il ne pourrait pas en menacer cet homme. Où ? Il était à New York. Qu'est-ce qu'il y a à New York ?

« Grand Central. » La seule chose qui lui importait était que ce soit loin.

Le chauffeur démarra sans un mot. Très bien, c'est un début. Il conduisait lentement. Denny vit le feu passer au jaune. Il serra les poings. Vas-y, vas-y. Roule, bordel. Tous les chauffeurs de taxis new-yorkais conduisent comme des brutes, non ? Ce salaud conduisait comme une grand-mère. Nom de Dieu. Denny regarda derrière lui. Rien. Très bien. Il s'entendait respirer. Le chauffeur pouvait l'entendre aussi ? Ses poumons étaient en feu. Il avait sacrément perdu la forme.

Il examina le permis du chauffeur. Un long nom africain. Il se demanda s'il avait entendu parler de Biaka quelque chose, le type des Nations unies. Pas sûr, c'est grand l'Afrique. Bon Dieu, quand ce feu va-t-il passer au vert ? Il dure depuis combien de temps ? Denny se passa la main sur le visage et le sentit trempé de sang et de sueur. Il s'essuya avec sa veste pour se donner un aspect plus normal.

Il regarda de nouveau derrière lui. Putain ! Deux gardes de l'ONU étaient apparus au coin de la rue et couraient dans sa direction. L'un d'eux était obèse, mais l'autre savait courir. Denny regarda de nouveau le feu. Toujours rouge. Le garde était une sorte de champion. Il fonçait droit sur lui, il avait dû le voir monter dans le taxi. Il se trouvait à cent mètres peut-être. Quatre-vingt-dix. Le feu était toujours rouge. Denny palpa le holster, le regarda en essayant de comprendre comment il fonctionnait.

Il avait un clip à l'arrière, près du ceinturon. Denny appuya dessus. Il y eut un déclic, mais l'arme ne sortait pas. Nouvelle tentative, clic, toujours rien. Fait chier !

Cinquante mètres. Nom de Dieu, ce type devrait faire partie de l'équipe olympique. Ce foutu feu va enfin changer ? Quarante mètres. Denny regarda de nouveau l'arme, secoua doucement le clip. Rien. Le garde se rapprochait, il apercevait Denny à l'arrière du taxi, il leva les bras pour attirer l'attention du chauffeur.

Soudain une musique tonitruante envahit le taxi, le chauffeur avait allumé la radio. De la musique de danse style brésilien. Le garde hurla et au même instant le feu passa au vert, le taxi traversa la 2e Avenue. Le garde se démenait en hurlant. Denny le perdit de vue quand le taxi tourna à gauche.

Toujours haletant Denny se laissa aller en arrière. Il regarda encore l'arme dans le holster. Il roulait sur l'avenue dans un taxi, sans rien pour payer la course. Une paroi pare-balles le séparait du chauffeur, et même s'il avait pu dégainer ce truc, tirer pour s'enfuir était impossible. De plus, les portières étaient verrouillées et seul le chauffeur pouvait les débloquer.

Il ouvrit la mallette dans l'espoir d'y trouver de l'argent, mais elle ne contenait que des papiers et des dossiers. Et deux stylos de luxe, l'un en or, l'autre en argent. Denny les sortit. « Excusez-moi, dit-il au chauffeur. Je viens de m'apercevoir que je n'ai pas de liquide. Pouvez-vous vous arrêter devant un distributeur ?

Tu vas filer, pensait le chauffeur. *Je me fiche de ton beau costume. Personne n'a jamais envie de payer la course.*

«Je vous laisse ma mallette. J'en ai pour deux secondes. Le distributeur, juste là.» Le chauffeur s'arrêta et Denny entendit la serrure de la portière s'ouvrir. Il descendit, ferma la portière, dépassa le distributeur en courant et tourna au coin suivant. Il vit le désarroi du chauffeur, mais la rue était en sens unique et le type avait dû décider que ça ne valait pas la peine de le suivre. En plus, il avait une belle mallette.

Denny courut jusqu'au bout du pâté de maisons, tourna et se mit à marcher au milieu de la foule. Jeunes mères, hommes d'affaires, un jeune en jeans et bonnet de laine avec un sac à dos. Des gens. Il en faisait de nouveau partie. Il était quelqu'un dans la rue qui s'occupait de ses affaires. Il s'arrêta, s'appuya à un échafaudage et regarda les passants vaquer à leurs occupations quotidiennes. Quel beau spectacle.

Il n'y croyait pas. C'était vrai? Il avait échappé au couloir de la mort? C'était aussi facile que ça? Il s'essuya le front, jeta un œil à ses chaussures. Un lacet s'était défait. En se penchant pour le nouer il remarqua le renflement autour de sa cheville. Bon Dieu, le bracelet. Non, ça n'avait pas été facile. Il noua son lacet en pleine panique et se remit à courir.

«Il est sur la 42e, entre la 3e Avenue et Lexington, il se dirige vers l'ouest, dit Emmanuel. Il me semble qu'il marche.»

Quand Terry l'avait averti, Emmanuel s'était montré très pro. Sa seule réaction avait été « Vérifions le bracelet ». Comme s'il s'était attendu à ce que ça arrive. Dans son premier poste à la FEMA, il avait géré des situations de crise, Terry imaginait qu'il avait appris à accepter les très mauvaises nouvelles avec flegme. Elle-même n'était pas aussi calme. Elle avait eu envie d'envoyer un coup de pied dans les couilles du sergent Coffey, bien que, visiblement, à la façon dont il marchait, Denny s'en soit déjà chargé.

Elle et Coffey attendaient en voiture de passer le contrôle à la sortie des Nations unies. Les gardes vérifiaient les sièges arrière et le coffre de tous les véhicules quittant le bâtiment. Lequel était en état d'alerte maximum, alerte déclenchée par Denny quand il avait tabassé le policier dans l'ascenseur. Il n'existait apparemment qu'un niveau d'alerte, celui d'attaque terroriste. Terry n'avait aucune idée de ce qu'ils recherchaient ni de l'avantage de cette alerte. Elle savait exactement où Denny se trouvait, et tous ces contrôles supplémentaires ne faisaient que l'empêcher de le rattraper. Mais elle savait aussi que si elle se plaignait, les gardes n'en examineraient que plus minutieusement sa voiture, pour lui donner une leçon, et qu'elle perdrait encore plus de temps.

« Bon sang, dit le sergent Coffey en changeant anxieusement de position sur son siège et en voyant les voitures devant eux. Nous ne pouvons pas leur montrer nos accréditations et leur dire qui nous sommes ? » Terry secoua la tête. Elle n'avait pas demandé d'accréditation pour Denny au service de sécurité de l'ONU, d'abord parce que sa visite devait rester secrète, et ensuite parce qu'elle était sûre que la sécurité ne permettrait jamais à un détenu du couloir de la mort de se balader dans le bâtiment. Un paquet d'emmerdes arrivait droit sur elle, mais elle espérait qu'Emmanuel pourrait le détourner. Denny n'avait tué ni un étranger ni un des gardes. Jusque-là, les dégâts étaient restés internes.

Terry espérait surtout que personne aux Nations unies ne communiquerait une vidéo de Denny aux médias. Il ne manquerait plus qu'un touriste de l'Oklahoma voie la photo de Denny aux informations. Ça déclencherait un autre genre d'emmerdes. Le gars qu'il croyait arrêté depuis longtemps, condamné à mort, rien que ça ! Qu'est-ce qu'il faisait dans le bâtiment des Nations unies à tabasser des officiers de la police militaire ?

On pouvait effectivement se poser la question.

« Il traverse Lexington en direction de Park Avenue, annonça Emmanuel. Où êtes-vous ?

– Toujours aux Nations unies. Nous attendons de passer un contrôle », répondit Terry dans le micro.

Emmanuel toussota. « Terry. » Elle devina ce qu'il allait lui demander. « Le département d'État est au courant ?

– Non. » Pour l'empêcher de poser des questions plus précises, Terry ajouta : « Quelqu'un est avec moi dans la voiture.

– Qui ?

– Le gardien de prison.

– Oh. Bien. » Une seconde plus tard il demanda : « Comment vous appelez-vous ?

– Moi ? demanda Coffey dans le micro.

– Oui, vous. Il connaît le mien, merde », dit Terry.

Le sergent Coffey la regarda, surpris. En seulement un quart d'heure depuis que Denny s'était échappé, il avait déjà entendu tout un chapelet de grossièretés de sa part. Il avait fini par comprendre que ce n'était pas le genre de fille qu'on présente à sa mère. « Sergent James Coffey, monsieur.

– Avez-vous été blessé au cours de l'attaque, sergent ?

– Légèrement, monsieur, répondit-il en parlant plus fort que nécessaire.

– Il lui a envoyé un coup de genou dans les couilles, ajouta Terry en essayant en vain de ne pas prendre un ton amusé.

– Aïe, fit Emmanuel. Il est dans Lexington entre la 41e et la 40e. On dirait qu'il a tourné à gauche. Il s'est arrêté à la moitié du pâté de maisons.

– Arrêté ? Vous êtes sûr ?

– Pas dans une quincaillerie, j'espère. Ne quittez pas. » Elle l'entendit pianoter frénétiquement. Puis Emmanuel annonça : « Pas de quincaillerie dans le secteur. Je ne sais pas ce qu'il fait.

– Bon. Nous le saurons et nous aviserons dans une ou deux minutes.

– Il est à moins de cinq cents mètres. »

Le garde les fit avancer jusqu'au point de contrôle.

Denny courait en regardant autour de lui et commençait à paniquer. Il n'était pas dans le bon quartier pour les quincailleries. Aucune des devantures dans l'avenue n'évoquait la présence d'outils d'aucune sorte. Vêtements, téléphones portables, vitamines, fast-food. Il traversa la rue juste avant que le feu change. Café, traiteur, beignets, pharmacie, restauration à domicile, billets d'avion, manucure, autre café, banque. Merde !

Il s'arrêta. Aucune quincaillerie dans le coin. Il pouvait courir dans n'importe quelle direction, il ne trouverait que d'autres salons de manucure, de coiffure, de chaussures chic et des cafés. Après tout ce qu'il avait subi c'était une sale façon de finir. Se faire prendre pour n'avoir pas trouvé de putain de magasin qui vende une merde vraiment UTILE !

Attends un peu. Il leva le nez. Pas besoin d'un magasin. Il n'était pas obligé d'acheter. Il avait une arme. Fais les choses dans l'ordre. Calme-toi. Respire. Il s'adossa à un mur, souleva légèrement sa veste et essaya encore le holster. Il appuya sur le clip, et cette fois il sentit un petit bouton tout près de la lanière de cuir. Il appuya dessus et l'arme glissa dans sa main. Il la remit vite en place avant que quelqu'un le voie tenir un pistolet en pleine rue.

Pas le temps de fêter ça. D'abord, trouver une pince coupante.

De l'autre côté de la rue, en face de la restauration à domicile et la banque, il remarqua une fourgonnette d'entreprise, quelque chose à voir avec les fenêtres, d'après ce qui était écrit dessus. Un homme d'un certain âge occupait le siège du conducteur et lisait le journal. Denny tâta le pistolet sous sa veste, il prit une grande respiration. Il retraversa la rue, tellement concentré sur le type dans la fourgonnette qu'il faillit se faire renverser par un taxi.

Denny frappa à la vitre. L'homme la descendit.

« Hé mec. Tu as une pince coupante là-dedans ?

– Désolé, je ne prête pas mes outils. » La vitre remontait déjà, mais Denny ouvrit la portière, cachant ainsi son arme aux passants.

« Hé là, qu'est-ce qui te prend ?

– Ça n'était pas ma question. » Denny enfonçait l'arme dans l'estomac de l'homme. « Ma question est : tu as une pince coupante ? »

L'homme considéra le pistolet et regarda Denny dans les yeux. *C'est une blague ? Un coup de Davis ?* Denny sut qu'il avait un frère jumeau et qu'ils s'amusaient souvent à se faire des niches. Celle-là serait rudement dégueulasse.

« Tu vois cette femme, là ? demanda Denny en indiquant une jeune femme au téléphone devant la restauration rapide, si je n'ai pas une pince coupante dans trente secondes je lui fous une balle dans la tête. Ensuite tu as encore trente secondes avant que je te descende. Tu as compris ? Tu as compris ? Tu saisis ce que je dis ? » Il parlait bas, d'un ton uniforme, et dans l'esprit de l'homme c'était un fouillis de perplexité et de peur, il était paralysé par l'indécision.

« OK, dit doucement Denny en cachant l'arme et en reculant, je la tue maintenant et c'est ta faute.

– Attends, attends. » Il posa le journal sur le siège du passager, descendit et alla ouvrir la porte arrière. Denny camouflait avec sa veste l'arme qu'il lui appuyait dans le dos.

L'homme grimpa à l'arrière et prit une pince coupante sur une pile d'outils. Il la tendit à Denny. « Voilà. » La peur lui déformait les traits.

Denny grimpa lui aussi et ferma la porte. Il releva le bas de son pantalon. « Enlève-moi ça. »

L'homme hésitait encore en se demandant si tout ça était réel, là, en pleine rue. *C'est forcément une blague.*

Denny arma et lui colla le canon contre le crâne en criant « MAINTENANT ». L'homme glissa l'une des mâchoires à l'intérieur du bracelet en entamant la peau de Denny qui grimaça de douleur. Clac. La saleté se détacha tout de suite.

Denny poussa un soupir de soulagement. « Nom de Dieu. » Il ramassa le bracelet, remit le pistolet dans son holster et donna à l'homme une tape amicale sur l'épaule. « Tu as le bonjour de Davis », ajouta-t-il en riant. Il ouvrit la porte et sauta sur la chaussée avec un dernier regard pour l'homme toujours sous le choc.

Devant le dernier café au bout de la rue une femme et un jeune garçon montaient dans un taxi. Parfait. Denny se précipita et ouvrit la portière côté chauffeur.

« Il est au coin de la 40e et de Lexington. Il se déplace de nouveau, dit Emmanuel.

– À deux rues d'ici », répondit Terry. Le feu devant elle passa au rouge. Elle regarda de chaque côté et appuya sur l'accélérateur en manquant de peu les personnes qui traversaient et lui criaient après.

« Très bien, dit Coffey avec un hochement de tête approbateur.

– Vous avez une arme, sergent ?

– Pas sur moi.

– Alors prenez le sac noir sur le siège arrière. » Coffey s'exécuta et ramena sur ses cuisses un sac en toile très lourd.

« Vous trouverez une arme dedans », dit Terry.

« Il avance dans Lexington, dit Emmanuel dans le micro. Plus vite à présent. Il doit se trouver dans un véhicule. »

Le seul véhicule devant eux était un taxi arrêté au feu suivant. Les deux feux changèrent en même temps et Terry fonça pour se placer directement derrière lui. Le taxi tourna à droite dans la 37e.

Le micro déclara : « Il vient de tourner sur la 37e.

– Nous le tenons. Il est dans un taxi. » Coffey poussa un petit cri d'excitation et sortit l'arme du sac. Elle était munie d'un silencieux.

« Pourquoi un silencieux ?

– Enlevez-le. Il se dévisse. Vous savez vous servir d'une arme ? »

Il dévissa le silencieux. « Oui, je sais. J'ai fait trois...

– Je ne vous demande pas de me raconter votre vie. On dirait qu'il y a une femme dans le taxi. Denny doit être couché par terre. Il a sûrement une arme braquée sur elle.

– Il y a un gosse aussi. » Quand ils furent à côté du taxi devant un feu ils aperçurent le sommet d'une tête d'enfant.

« Merde, il a des otages », dit Terry à l'intention d'Emmanuel. Elle demanda à Coffey : « Essayez d'établir le contact avec la femme. »

Coffey descendit sa vitre, cogna contre la porte du taxi pendant que les deux véhicules roulaient côte à côte dans la 37e. La femme se retourna et Coffey lui fit signe. Il indiqua le sol. La femme ne comprit pas. Coffey lui montra l'arme. Elle eut l'air horrifié. Il indiqua de nouveau le sol. « Tout va bien », articula-t-il en silence. La femme serra l'enfant contre elle.

Feu rouge. Terry manœuvra pour bloquer la route au taxi. Elle cria à Coffey : « Allez-y ! » Coffey sauta de la voiture et Emmanuel cria : « Soyez prudents ! »

Coffey accroupi tenta d'ouvrir la portière du taxi. Elle était verrouillée. Il se releva et braqua son arme sur le plancher, prêt à tirer sur Denny à travers la vitre.

Il n'était pas là.

Terry s'était précipité devant le taxi en agitant son badge. Le chauffeur était ahuri.

« R.A.S., dit Coffey.

– Vérifiez le coffre. » Terry se pencha dans le véhicule. « Ouvrez le coffre. » Le chauffeur l'ouvrit d'un clic. Coffey s'en approcha de côté, glissa les doigts sous le hayon, le souleva d'un seul geste et braqua son arme à l'intérieur.

Il était vide.

« R.A.S. », répéta Coffey.

Terry dévisagea la femme, l'enfant, puis le chauffeur. Elle ouvrit les quatre portières. Fouilla les sièges et glissa la main sous celui du passager. Puis elle fit de même côté chauffeur. Elle retira de sous le siège le bracelet électronique, sectionné à la pince coupante, comme elle le redoutait.

« Un homme a jeté ça là, dit l'enfant.

– Quel homme, trésor ? demanda Terry.

– Un homme a essayé de monter dans le taxi en même temps que nous, dit la femme. Il avait l'air très bien, il portait un costume. » Elle demanda à son fils : « Tu l'as vu jeter ça dans le taxi ?

– Je ne savais pas ce que c'était. J'ai cru que c'était un truc à jeter. J'ai cru qu'il jetait des saletés dans le taxi.

– Je ne l'ai pas vu, dit la femme. Qu'est-ce que c'est ? C'est pour ça que vous nous avez arrêtés ? »

Terry soupira. « Oui. C'est pour ça. » Elle vérifia la rue dans les deux sens. Pas de Denny. Pourquoi serait-il là ?

« Il a prétendu que le taxi s'était arrêté pour lui. J'ai dit que c'était notre taxi, il s'est excusé, et il est parti, expliqua la femme. Je n'y ai plus pensé.

– Vous n'y êtes pour rien. Désolée pour tout ça. Passez une bonne journée. » Elle referma les portières et fit signe au chauffeur de repartir. Ils remontèrent dans leur voiture et Terry informa Emmanuel : « Il s'est évaporé.

– Vous rentrez. On se voit demain. »

« Attendez, on va pas continuer à le chercher ? » Terry était en route pour l'hôtel de Coffey. Lequel était hors de lui. Il voulait la peau de Denny.

« Il est armé, répliqua Terry. Il y a du monde partout. Si nous le retrouvions, ce qui n'arrivera pas, ce serait un bain de sang. Non, nous le ramasserons dans trois semaines, quand il sera en train d'attendre à une station de bus par exemple. Être en fuite, c'est plus difficile que vous ne croyez. Au bout d'un moment ça rend les gens dingues. Ils deviennent imprudents.

– Mais vous allez alerter la police de New York, pas vrai ? Enfin, tous les flics de cette ville devraient être après lui. »

Terry se taisait.

« Alors vous n'allez pas les alerter ?

– Nous le retrouverons. Ne vous inquiétez pas.

– Enfin merde, qu'est-ce qui se passe avec ce type ? Faire sortir un gars du couloir de la mort ça n'est pas vraiment ordinaire, si ? Le voilà maintenant en cavale dans New York avec une arme et vous êtes d'accord ?

– Oh, nous ne sommes absolument pas d'accord. Nous allons le retrouver. Mais ça n'est plus de votre ressort à présent. »

Coffey remis l'arme dans le sac où se trouvait le silencieux. « Vous alliez le tuer, hein ? »

Terry eut un regard narquois. « Pourquoi cette question ?

– Ça. » Il brandissait le silencieux. « Ça n'est pas exactement un article fourni par le gouvernement. »

Terry se mit à rire. « Mais si, parfaitement. Mon autorisation se trouve dans mon attaché-case. Non, sergent, vous avez une imagination fertile. Je voulais seulement l'utiliser au stand de tir. Pour voir s'il avait un effet sur la précision. Mon agence m'entraîne avec beaucoup d'armes différentes.

– Vous travaillez pour quelle agence exactement ?

– Oh, un tas d'affaires internationales. Sergent, il s'agit d'une opération secrète et vous n'êtes pas accrédité.

– J'ai fouillé votre mallette. Désolé. Et j'ai vu que Denny n'avait pas de billet de retour.

– Oh, Seigneur. » Terry soupira. Soudain elle eut une révélation. « Sergent, quand vous avez pensé que j'allais tuer Denny, est-ce que par hasard vous…

– Quoi ?

– Est-ce que vous vous trouviez dans la même pièce que lui ?

– Oui. C'était juste avant qu'il m'envoie son genou dans les parties. »

Terry secoua la tête et ferma presque les yeux de frayeur. Elle s'arrêta devant l'hôtel, reprit sa mallette sur le siège arrière et tendit à Coffey son billet d'avion pour le lendemain. « Soyez prudent. »

Coffey prit le billet d'un air pensif. Il jeta un coup d'œil dehors, le soir tombait, les foules de gens qui finissaient leur journée de travail emplissaient l'avenue. « Je vais probablement me faire virer pour ça.

– Probablement.

– Et vous ?

– Non.

– Une saloperie d'affaire tordue, c'est ça ?

– Oui. »

Le sergent Coffey ouvrit la portière et descendit. « Eh bien, bonne chance pour retrouver ce trouduc.

– Sergent, dit Terry avant de fermer la portière. Ne vous tracassez pas pour votre travail. Nous donnerons un coup de téléphone.

– C'est tout ? Rien qu'un coup de téléphone ?

– Oui. Ça devrait suffire.

– Très bien. » Il claqua la portière. Terry s'éloigna. Elle savait qu'un des hommes de la police militaire était à l'hôpital et que l'autre se trouvait probablement avec lui, donc ils n'auraient pas besoin de leur voiture. Elle s'engagea dans la 7e Avenue. Autant rentrer à Washington en voiture, se dit-elle, et elle alluma la radio pour oublier la circulation de l'heure de pointe.

À moins d'un kilomètre de là, Denny était entré dans un bar. Il n'avait pas réellement envie de se soûler et surtout il n'avait pas d'argent, mais sacrément besoin de quitter la rue. C'était un bar classieux avec une télé à grand écran plat, un tas de cuivre et d'acajou, et Denny l'avait choisi parce qu'il semblait presque vide et que ses vitres teintées donnaient sur la rue. Il ne voulait pas risquer qu'un flic ou un passant le reconnaisse par hasard.

Il n'y avait personne derrière le comptoir, rien qu'un cuisinier qu'il aperçut dans le fond par le passe-plat. Denny s'assit sur un tabouret et regarda quelques minutes un match de foot sur une chaîne internationale. Sa respiration devenait plus lente, il se calmait peu à peu. La réalité le stupéfia : il était sorti de prison. Même en rêve ça ne se serait pas mieux passé. Il sourit à la vue de la serviette en lin, la salière à bouchon d'argent, la rangée de bières étrangères à la pression, toutes ces choses inaccessibles à des détenus.

Et des femmes. Une jeune blonde bien plantée au visage angélique et avenant était arrivée. Elle portait un T-shirt bleu imprimé du logo du bar et un badge à son nom : Angela. Elle pensait qu'elle devait couper des citrons verts et ça l'embêtait qu'un client soit déjà entré. Habituellement, personne n'arrivait avant dix-huit heures trente. Elle essaya de paraître contente de le voir et lui demanda ce qu'il désirait.

« J'ai un problème, répondit Denny, j'ai perdu mon portefeuille. Mais j'ai ces deux stylos. » Il sortit les stylos en or et en argent de la poche de sa veste. « Je vous les échange contre une ou deux bières. »

Angela prit les stylos et les examina soigneusement en les retournant entre ses doigts. « Ils sont jolis. Vous les avez eus où ?

– Un Asiatique me les a donnés. » C'était vrai, en quelque sorte. Règle numéro un, dire de bons mensonges. Rester aussi près que possible de la vérité. « En cadeau. » Pas tout à fait vrai, mais merde. Angela était impressionnée.

« Je pense qu'ils valent quelques centaines de dollars chacun, dit-elle en ouvrant le tiroir-caisse où elle les rangea. Voilà ce que nous allons faire. Je ne veux pas prendre vos stylos rien que parce que vous avez une mauvaise journée. Je vous propose de vous ouvrir un crédit, vous pourrez revenir le rembourser quand vous aurez retrouvé votre portefeuille, et je vous rendrai les stylos.

« Merci. » Denny était soulagé et sincèrement reconnaissant. Il posa les mains sur le comptoir. Angela remarqua les coupures et les bleus sur ses mains et le regarda d'un air interrogateur.

« Vous vous êtes battu ? »

Il fit oui de la tête.

« C'est comme ça que vous avez perdu votre portefeuille ? »

Même mimique. Il pouvait à présent lire ses pensées et il s'aperçut qu'elle aimait les mauvais garçons. Formidable, ça jouait en sa faveur. « Ils étaient trois. » Ce qui était vrai. « J'ai envoyé quelques bons coups... » Vrai aussi. « ... avant qu'ils filent avec mon argent. » Faux. Mais deux vérités sur trois, c'était une bonne proportion, probablement la même que dans l'ensemble de la population.

Angela prit l'air inquiet, mais Denny savait que sa brève allusion à la violence l'avait accrochée. « Vous avez appelé la police ?

– Non.

– Ils vous ont aussi pris votre portable ? Vous voulez utiliser le mien ?

– Non. » Inquiète mais intéressée, Angela lui versa une bière. « C'est une longue histoire reprit Denny en sachant que ses deux vérités contre un mensonge allaient marquer un point. Il fallait qu'il trouve un moyen de passer pour un mauvais garçon. Pas du style tueur-de-flic-en-cavale, plutôt rebelle-contre-une-société-injuste.

Angela posa la bière devant lui avec un sourire entendu. Elle se passa les doigts dans les cheveux et s'inclina vers lui, le coude sur le comptoir. « Racontez-la-moi, dit-elle avec un sourire malicieux, j'ai tout mon temps. »

6

Lorsque Terry entra dans le bureau d'Emmanuel il avait les pieds sur sa table. « Alors, comment ça s'est passé à New York ? » Il affichait un grand sourire. Elle s'assit. Emmanuel avait une façon très discrète d'affronter l'adversité, mais à la lumière des événements récents il paraissait d'une gaieté suspecte.

« Allez vous faire foutre. » Terry jeta son sac sur une chaise.

« J'ai passé la matinée au téléphone avec l'administration pénitentiaire de l'Oklahoma. Nous leur avons pris un de leurs criminels et nous l'avons relâché dans la nature. Ils ne sont pas contents.

– Nous l'aurons.

– Nous finirons par l'avoir, sans aucun doute. Mais nous ne disposons que de trois semaines avant son exécution programmée. Si la famille de sa victime se pointe à la prison et ne voit personne sanglé sur la table d'exécution, ce sera problématique.

– Quel est le plan ? »

Emmanuel se gratta le menton.

« Il est quelque part à New York, reprit Terry. Il n'a pas de travail, pas d'argent, et aucun endroit où aller. Peut-être que… commença-t-elle pour tâter le terrain, le mieux serait d'alerter la police locale et de lui laisser le soin de l'arrêter.

– C'est exclu. Pas de flics, pas de médias. Trop de questions. Denny se cachera dans un trou, et finalement il sortira la tête pour regarder autour de lui. Et quand ça arrivera…

– Quand ça arrivera, quoi ? »

Emmanuel eut un hochement de tête satisfait. « J'ai de bonnes nouvelles.

– De bonnes nouvelles ? Sérieux ? » Terry se dressa sur son siège. « Vous vous foutez de moi ? Quelqu'un a retrouvé Denny ?

– Non, pas bonnes à ce point. » Emmanuel prit une grande respiration et hurla dans le couloir : « Jerry, ici. »

La tête de Jerry apparut à la porte. « Salut Terry.

– Salut.

– Répète-lui ce que tu viens de me dire.

– Quelqu'un vient de se connecter.

– C'est du boulot en plus pour moi, soupira Terry. En quoi c'est une bonne nouvelle ?

– Il s'appelle Jared Snowe, il est dans le Michigan. Il est apparu sur le radar ce matin. » Jerry entra, déposa un dossier ouvert sur le bureau d'Emmanuel et le tourna de manière à ce que Terry puisse le lire.

Elle repoussa le dossier. « Dis-moi seulement quels sont ses indicateurs.

– Trois sur quatre. Au cours des deux dernières semaines il a utilisé deux fois sa carte de crédit dans des bars, dont un pour célibataires, du genre où on drague les filles.

– Deux fois ? Pas très convaincant. Il avait peut-être simplement un coup de déprime.

– Il ne l'avait pas utilisée dans un bar depuis six mois. C'est donc un changement caractéristique de comportement qui dénote une augmentation de l'activité sexuelle.

– Mmm. Intéressant. Et l'argent ?

– Non, rien sur ce plan-là. Son compte en banque n'a pas bougé. Aucune grande variation. Il n'a peut-être pas encore trouvé le moyen de rentabiliser ses capacités. Il est Niveau Trois ou Quatre. Ou alors ça n'est pas l'argent qui l'intéresse.

– Pas l'argent qui l'intéresse ? » Terry eut un sourire cynique. « Je crois plutôt qu'il n'a pas encore trouvé le moyen d'en gagner davantage. »

Jerry haussa les épaules. « En plus, la semaine dernière, il a consulté trois fois "télépathie" sur Internet. Ça, c'est un bon indicateur. »

Emmanuel intervint. « Dis à Terry ce qu'il fait dans la vie.

– Il est flic. »

Terry se détendit et sourit, comprenant soudain ce qu'Emmanuel avait en tête. « Merde alors. »

Snowe s'installa près de la vitre dans son café préféré en essayant de rester le plus isolé possible pour pouvoir lire son journal sans entendre quelqu'un penser. La fille derrière le comptoir était malheureuse, comme d'habitude. Son copain essayait de lui faire accepter une partie à trois. La directrice avait un retard de règles et craignait d'être enceinte. Snowe avait seulement envie de boire un café et de lire le journal, et il aurait préféré ne pas connaître ces préoccupations-là. Rien qu'en demandant un supplément de crème, il avait entendu les bribes d'une dispute à propos de l'absence d'intérêt de la serveuse pour l'aventure sexuelle, et sut aussi que le jeune homme qui avait commencé à travailler ce matin-là était gay.

Depuis qu'il était « informé », terme qu'il s'appliquait à lui-même, il avait remarqué qu'il s'était mis à éviter les autres. Il décida qu'il devait continuer à vivre comme avant pour ne pas rester barricadé chez lui. Déjà, la dernière semaine, il avait annulé tous ses engagements, fait faux bond au barbecue de Toomes et sa femme qui espéraient le brancher avec leur voisine, et n'avait pas encore décidé quand Aguilar lui offrirait la bière qu'il lui devait pour avoir trouvé l'arme du jeune Noir. Quand le chef Fremantle l'avait appelé dans son bureau pour le féliciter, Snowe avait demandé l'autorisation de travailler seul quelque temps. Cette requête avait déçu le chef qui espérait l'associer à Aguilar, mais il était tellement impressionné par ses résultats qu'il avait accepté. Fremantle plaisanta sur son jeune policier qui aimait travailler seul comme Dirty Harry. Snowe lui fit remarquer que Dirty Harry avait toujours un partenaire qui se faisait invariablement tuer, mais il garda pour lui que s'il devait passer huit heures dans un véhicule avec un autre être humain, il avait peur que l'un des deux y reste.

Il ouvrait la page des sports quand un jeune couple victime de la mode s'assit juste en face de lui. Merde. Et ça démarra. La jeune femme, une blonde qui dépensait probablement tous les jours l'équivalent du salaire mensuel de Snowe pour s'habiller et se coiffer, pensait qu'elle devait se faire faire une manucure dans le nouveau salon qui venait d'ouvrir au centre commercial. L'homme regardait le nouvel employé derrière le comptoir. Et il était intéressé.

Houlà. Snowe ne voulait pas le savoir, il aurait préféré lire les résultats des matchs de base-ball, mais comment ne pas regarder ce qui se passait alors que la vie privée de chacun lui sautait à la figure ? L'homme alla parler au serveur à voix basse. Ils souriaient puis se mirent à rire. En temps normal, Snowe n'aurait pas qualifié ça de flirt. Il n'y aurait vu que deux hommes en train de bavarder. Comme la plupart des hétéros, Snowe ne connaissait absolument rien à l'homosexualité. Quand il leva de nouveau les yeux, les deux hommes avaient disparu.

Snowe regarda la jeune femme, apparemment indifférente, continuer de feuilleter un magazine de mode qu'elle avait trouvé sur la table. Il se sentit obligé de dire quelque chose. Il savait qu'elle allait épouser ce type. Ne devait-elle pas être mise au courant ? Ça la sauverait d'une vie de solitude.

« Votre copain est gay.

– Allez vous faire foutre. » Elle se replongea dans son magazine. *Qu'il se mêle de ce qui le regarde, ce con.* D'accord, se dit Snowe et c'est ce qu'il fit en retournant à son sport. La fille lâcha son magazine pour dire : « Vous pensez qu'il est gay parce qu'il s'habille bien.

– Non. C'est parce qu'il vient de donner son numéro de téléphone à un type en vue de baiser plus tard. »

Oh merde, ça recommence... on a pourtant assez parlé de ça. « Il le connaît. Ils sont amis », rétorqua la femme, et si Snowe n'avait pas pu lire dans ses pensées, elle aurait été tout à fait convaincante. Elle ajouta que Snowe était horriblement mal fringué et se lança dans une tirade contre ses goûts de chiottes, ce qui montrait clairement qu'il était un hétéro macho qui ne faisait pas attention à son apparence et qui s'habillait visiblement dans des magasins discount. La colère et l'amertume déformaient son joli visage, Snowe capta des images. L'homme était extrêmement riche. Il possédait une Mercedes E-320 flambant neuve et ses parents vivaient dans une demeure avec une double allée d'accès en fer à cheval, et la femme savait parfaitement que son compagnon était gay. Son seul souci était de ne pas avoir l'air d'une imbécile quand ils sortaient ensemble et elle n'avait nullement besoin de Snowe pour la sauver. « Alors mêlez-vous de vos fesses », conclut-elle. Elle embarqua son sac et son café d'un seul mouvement, tellement fluide et coordonné que Snowe se demanda si elle pratiquait souvent sa tirade et sa sortie de scène.

Tandis qu'elle sortait du café comme une furie, Snowe remarqua qu'une jolie petite brune dans les trente ans s'était assise à une table voisine avec son café et assistait au déroulement du drame. « Vous n'êtes pas si mal habillé que ça, dit-elle avec un charmant sourire. Vous auriez peut-être dû mettre une ceinture, mais dans l'ensemble c'est plutôt bien. »

Snowe lui rendit son sourire et essaya immédiatement d'entendre ses pensées. Pour la première fois depuis des semaines il ne perçut rien. Elle était visiblement amusée.

« Vous savez ce que je me demande toujours ? lança-t-elle.

– Non, quoi ? »

Elle prit sa tasse et sa mallette, s'assit à la table de Snowe et posa son café sur la page des sports. « Vous autres qui découvrez que vous avez ce don incroyable, qu'est-ce que vous faites ? Vous vous posez des questions ? Comment je peux l'utiliser pour le bien de l'humanité ? Empêcher un génocide quelque part ou retrouver des personnes disparues ? Non. Vous jouez au poker, vous fréquentez les bars pour célibataires et vous essayez de draguer dans les cafés…

– Je n'essayais pas de la draguer », se défendit Snowe, mais il sentait que la femme ne l'écoutait pas. Elle le regardait dans les yeux, comme si elle s'amusait encore. Il s'efforçait de lire en elle mais n'obtenait toujours rien, surpris d'être tellement asservi à cet exercice en deux semaines. À présent qu'il devait établir un contact avec quelqu'un comme il l'avait fait pendant trente ans de sa vie, il se sentait démuni. « Qui êtes-vous ?

– Terry Dyer », répondit-elle en lui tendant la main. Snowe la lui serra.

« Qu'est-ce qui se passe ?

– Eh bien, vous avez un don, Jared. Vous l'avez probablement compris maintenant. » Elle lui fit un autre sourire chaleureux. « C'est bien, ici. Vous venez souvent ? »

Devant cette occasion d'obtenir enfin une explication Snowe répondit d'une voix énergique : « Une minute. Vous pouvez m'expliquer ? D'où c'est venu ? J'étais normal, et du jour au lendemain je suis devenu un phénomène de foire. Comment m'avez-vous trouvé ? Et pourquoi… »

Terry leva les mains dans un geste d'apaisement, comme s'il était un petit enfant. « Nous avons largement le temps de répondre à toutes vos questions. Je sais que c'est déroutant. » Elle lui effleura la main et il hocha la tête pour montrer qu'il s'était calmé. « Très bien. Mon travail consiste à voyager dans le pays pour parler aux gens comme vous qui se sont manifestés. Nous avons un bureau à Washington. Avec un évaluateur. Il observe certains schémas de votre comportement, et quand tous vos indicateurs sont d'un niveau élevé nous concluons que vous vous êtes connecté. Vous venez de recevoir des félicitations pour votre travail, exact ?

– Connecté, vous dites ?

– C'est comme ça que nous disons. » Elle lui fit un autre sourire chaleureux, comme si la seule existence de Snowe l'enchantait. Il éprouvait la même sensation dérangeante que dans les clubs de strip-tease ou avec des vendeurs. Trop d'amabilité le mettait sur ses gardes. « Vous êtes apparu sur notre ordinateur et nous avons compris…

– Quoi donc? Ça ne tient pas debout. Vous concluez que tous ceux qui font bien leur travail sont télépathes ? Vous devez passer beaucoup de temps en déplacement…

– Il y a d'autres facteurs.

– Tels que ?

– Ils sont confidentiels. Nous ne pouvons pas vous en parler. Mais le programme d'évaluation est efficace. Je suis là, non ? Donc ça fonctionne. » Elle lui sourit de nouveau et Snowe s'aperçut qu'elle lui tenait la main. N'importe qui les aurait pris pour des amoureux. « Écoutez, mon rôle est de faire en sorte que vous vous adaptiez. Nous allons vous fournir un nouvel emploi...

– J'aime mon métier, je ne veux pas de nouvel emploi.

– Il est important que vous compreniez que votre vie va changer. »

Snowe se libéra pour se prendre la tête entre les mains et se caler dans son fauteuil.

« Il y a des choses que vous devez savoir, poursuivit Terry d'une voix égale. Vous allez progresser. Vous deviendrez capable de repérer quelqu'un à l'autre bout de la pièce et de lire dans ses pensées. Vous pourrez en faire autant avec les animaux. Vous allez commencer à éviter les gens. À structurer votre vie de manière à avoir le moins de contacts humains possible.

– J'ai déjà commencé. »

Terry parut contente qu'il s'implique de nouveau. Elle but une gorgée de café. « Un type s'était installé dans les bois. Il s'était construit une cabane et vivait comme Robinson. »

Snowe remarqua que Terry en parlait au passé. « Qu'est-ce qu'il est devenu ?

– Il est mort. Il a été tué par un grizzly.

– Il ne pouvait pas lire les pensées des animaux ?

– Savoir qu'un grizzly a faim ne va pas l'empêcher de vous dévorer, dit Terry avec un rire amer. Encore une chose que vous devriez savoir : il y a des limites. Vous n'êtes pas un super-héros.

– Pourquoi je n'arrive pas à vous lire ?

– Pendant mon enfance j'ai été épileptique. » Elle lui raconta son opération qui l'avait rendue illisible et lui reprit la main. « Tout va changer, Jared. Dans un mois je serai la seule personne intéressante que vous connaîtrez. »

Les réponses de Terry aux questions les plus élémentaires semblaient préparées, banales et peu éclairantes, telles celles d'un responsable des relations publiques après l'effondrement d'une mine. Combien de personnes ? Pas beaucoup. Pourquoi ? Les scientifiques cherchent une explication. Ça dure depuis combien de temps ? Le premier cas, selon Terry, s'était signalé en 2006. Connaissait-elle quelqu'un du nom de Kenneth Wiggins ? Cette question surprit Terry.

« Non, pourquoi ?

– J'ai déniché ça quelque part sur Internet. Il écrivait qu'il pouvait lire dans les pensées.

– Et vous avez trouvé son nom ? »

Snowe haussa les épaules. « Il était sur un site psychiatrique. » Pour ne pas impliquer son voisin il répondit : « J'ai cherché son adresse IP à partir du message et c'est ce qui est ressorti. Il était peut-être simplement fou.

– Désolée, je ne sais rien.

– Il y en a d'autres comme moi… connectés… auxquels je peux parler ?

– C'est drôle que vous me posiez la question. » Terry posa sa mallette sur la table et en sortit un dossier. Elle l'ouvrit et tendit à Snowe le procès-verbal d'arrestation de Denny accompagné d'une photo d'identité judiciaire en couleur. « Cet homme s'appelle Brooks Denny. Il a assassiné un officier de police en 2006 et a tabassé à mort un homme de la police militaire il y a quelques jours à Manhattan. Il vient de s'échapper. Et nous voulons que vous le retrouviez. »

Snowe prit le dossier et examina la photo de Denny. Il avait l'air intelligent. Violent. Comme quelqu'un d'indifférent aux autres. Mais bon, ces photos-là se ressemblent toutes. On vous demande de n'avoir aucune expression, pour faire peur aux gens si on la diffusait. Vous seriez tout aussi reconnaissable souriant.

« Ce type, Denny, il est… comme moi ?

– Il faut être télépathe pour attraper un télépathe. » Elle lui pressa la main. « Et vous allez l'attraper », dit-elle avec un sourire confiant.

7

De retour chez lui, en attendant le taxi pour l'aéroport, Snowe répertoria ses nouveaux joujoux. Il avait une carte d'identité officielle du FBI avec sa photo, ce qu'il avait trouvé effrayant. Terry la lui avait fait faire sans qu'il le sache. Comment avait-elle obtenu sa photo de la police? «Vous devrez vous en servir, sinon les gens ne vous répondront pas», lui avait-elle recommandé avec un geste négligent, comme si ce n'était rien.

Il avait une carte de crédit du gouvernement. À utiliser pour tout. Ne vous inquiétez pas pour l'argent. Faites tout en première classe, lui avait-elle dit. L'agence nageait dans les dollars. Quelle agence? Du traitement informatique. Autre geste négligent de la main.

Il avait un portable sécurisé dans lequel un seul numéro était enregistré sous «Terry» accompagné d'un smiley. Snowe devait l'appeler une fois par jour pour qu'elle sache où il était et comment se déroulaient ses recherches. Elle allait parler au commissariat de Kearns. Ils comprendraient. Elle le savait. Elle faisait ça souvent. Ça se passerait bien.

Il avait un dossier sur Denny. Denny était un homme dangereux. Il avait tué un officier de police à Stowe, dans l'Oklahoma, en 2006. Terry ignorait combien d'autres victimes il avait faites, mais elle avait souligné qu'il pouvait y en avoir jusqu'à sept. Il était soupçonné d'une série de meurtres, le policier qu'il avait tué enquêtait sur lui. Elle avait donné à Snowe un DVD de Denny en train de tabasser le policier militaire dans l'ascenseur, fourni par la caméra de surveillance dans le bâtiment des Nations unies. Regardez-le, lui avait dit Terry en posant sa main sur la sienne. Il vous donnera une idée de qui est Denny.

Par où commencer pour retrouver un homme qui s'était complètement volatilisé dans New York ? Snowe avait pensé demander conseil à un des enquêteurs de Kearns mais Terry l'en avait dissuadé. Ne faites pas ça. Vous devez compter sur votre instinct. Il faut un télépathe pour prendre un télépathe. Il devait l'appeler s'il avait besoin de quelque chose. Elle disposait de toutes les ressources dont il pouvait avoir besoin.

Il comprenait ?

Il comprenait.

Sa vie d'officier de police était finie. Sa vie d'enquêteur gouvernemental pour l'agence X qui l'employait venait de commencer.

Denny se réveilla et regarda le réveil. Midi. Il avait besoin d'argent.

Angela lui avait donné vingt dollars, mais il ne les avait pris que par désespoir. Il n'aimait pas recevoir d'argent des femmes. C'était déjà assez de loger chez elle. Tout au long de sa vie ses rapports avec les femmes avaient été brefs mais agréables, et il était fier de pourvoir à leur bien-être. Pas d'argent, pas de fesses. Il y avait là une certaine pureté. Ce qui se passait n'était pas bien. Il devait trouver un moyen d'obtenir du liquide.

Angela savait désormais qu'il était un malfaiteur, mais pour elle c'était plutôt un plus qu'un moins. Angela était une drôle de fille. Denny avait étudié son esprit et essayé de faire ressortir des images de son enfance qui puissent expliquer pourquoi elle était tellement attirée par les hors-la-loi. Il n'avait rien trouvé. Son père ne l'avait pas abandonnée, elle n'avait rien à régler avec lui. Il pouvait avoir eu quelques liens avec le milieu, mais il n'était certainement pas de la lignée d'Al Capone. Au pire, quelques activités de bookmaker. En fait, elle avait appelé son papa la veille en allant travailler pour lui parler de son envie d'avoir un petit chien. Sa mère était une aimable femme au foyer de Long Island. Aucun problème de ce côté-là. Angela avait laissé tomber des études universitaires et travaillé chez un prêteur sur gages avant de trouver son poste de serveuse. Ses parents espéraient qu'elle rencontrerait là un homme d'affaires gentil et prospère, il n'y avait que l'embarras du choix. Au lieu de quoi Angela recherchait les hommes mystérieux, les paumés, les potentiellement violents. Avec ses mains écorchées, son accent du Sud, ses stylos précieux et son histoire de portefeuille perdu, Denny était le tiercé romantique.

Ce jour-là, avant de prendre son service, elle allait apporter les stylos au prêteur sur gages chez qui elle avait travaillé pour voir si elle pouvait en tirer quelque chose pour Denny et elle. C'était tout ce qu'il avait à offrir. Denny doutait qu'elle obtienne plus que quelques dollars, mais dans l'immédiat ils seraient les bienvenus. Ils pourraient calmer son irritation de voir sa compagne aller travailler pendant qu'il traînait au lit en se demandant quoi faire toute la journée.

Il avait pourtant une idée. La veille, après l'amour, Angela lui avait posé une question simple. Tu es fort en quoi ? Il y avait réfléchi. Il n'envisageait pas que quelqu'un soit prêt à le payer pour cogner des flics ou s'échapper de quelque part. Il se rappela ses projets avec le constructeur de bateaux de l'Oregon quand il était dans l'armée. Il était doué pour la vente. Il s'était vendu à Angela. S'il pouvait vendre un fugitif épuisé et complètement fauché à une belle jeune femme qui travaillait, il pouvait vendre n'importe quoi à n'importe qui. Et quel était le produit qu'il connaissait le mieux ? Celui dont il était spécialiste quant à la valeur marchande, la distribution, le risque et les marges de profit ? La cocaïne.

Il prit une douche, fit du café et alluma la télé. Il zappa pour voir si on parlait de lui aux informations, mais non. Il n'avait jamais vu son nom ni dans les journaux ni à la télé, ce qu'il trouvait bizarre. Jusqu'où fallait-il aller pour se faire remarquer à New York ? Tabasser un type et le laisser presque mort au siège de l'ONU aurait dû faire du bruit. Rien. Ça datait de quatre jours, de toute façon il était déjà sorti de l'actualité.

Un incendie dans l'Ouest. Un terroriste arrêté quelque part. Des enfants courant dans la jungle avec des AK-47 dans un trou perdu du tiers-monde, un dictateur sur le point d'être renversé. Et à présent les finances. La Bourse avait grimpé à l'annonce qu'une compagnie pétrolière au logo vert avait acquis des raffineries dans un pays africain dont le drapeau était bleu et or. Denny n'écoutait que d'une oreille, mais il vit ensuite Biaka-quelque chose et l'homme aux cheveux blancs des négociations faire part de leur satisfaction. Détente dans les relations. Les affaires marchaient. Tout le monde était content. Publicité.

À votre service, pensa Denny en préparant du café. Le téléphone sonna. Il vérifia le nom du correspondant et vit que c'était le bar d'Angela. Elle lui avait strictement défendu de répondre sans vérifier d'abord l'écran. La mère d'Angela n'avait pas besoin de savoir qu'un monsieur habitait chez elle.

« Salut ma belle.

– Salut trésor. Je ne peux pas te parler, mais je voulais que tu saches pour les stylos. Tu m'as bien dit que c'était un cadeau ? »

Aïe. Il a dû se passer quelque chose chez le prêteur. Mais si elle l'appelait encore trésor ça ne pouvait pas être si grave. Il répondit par un oui prudent.

« Je crois que celui qui te les a donnés doit les avoir volés. Ils sont sur la liste des objets volés. Le prêteur n'a pas pu les prendre.

– Ça alors. » Denny fut touché qu'elle le croie au point de soupçonner immédiatement quelqu'un d'autre. Il se sentit coupable, en même temps que déçu qu'il n'y ait pas d'argent à la clé.

« Qui te les a donnés ?

– Un gars que je connais. » Il chercha sans succès à ajouter un détail rassurant.

« Ils valent dans les mille dollars. C'était un cadeau du roi du Bhoutan. Or et argent massif. Mais aucun prêteur ne les acceptera.

– Le roi de quoi ? Je ne sais rien de tout ça. Tu n'as qu'à les garder. Maintenant c'est moi qui t'en fais cadeau.

– Brooks, on ne peut pas faire ça. Il faut les rendre à leur propriétaire, dit-elle tout émue par sa générosité. Mais c'est vraiment gentil de ta part. » Elle se mit à rire. « Je pourrais peut-être partir plus tôt ce soir. Tu veux qu'on aille au cinéma ou ailleurs ?

– Bien sûr. Bonne idée.

– Je peux acheter une pizza en rentrant. Tu veux quelque chose de spécial ?

– Pepperoni, c'est bien. » Ils se dirent au revoir et raccrochèrent. Il pourrait s'habituer à ce style de vie. Pizza et baise étaient préférables à la prison. Mais il avait besoin d'argent. Il alla prendre son pistolet et le billet de vingt dollars dans la chambre et sortit.

« Quel est le pire quartier de la ville ? » demanda-t-il à deux jeunes Noirs à la casquette tournée de côté. La vision qu'ils avaient de lui était celle d'un homme blanc en costume, tout juste sorti de la Bourse de Wall Street.

« Comment ça, le quartier chaud ?

– Le quartier chaud, quoi. Vous êtes d'où ?

– Brooklyn. » Ils rirent. « Mais c'est pas mal. Vous cherchez quoi ? De la drogue ?

– Je ne veux pas en acheter. Je veux savoir où je pourrais le faire si j'en avais envie. »

Ils restèrent perplexes mais lui donnèrent les indications pour aller à Brownsville. « Vous prenez la ligne 3 et vous descendez n'importe où quand vous voyez les cités. Vous vous baladez, vous trouverez de la drogue», expliqua l'un des deux gamins, bien que Denny ait précisé qu'il n'en voulait pas. Le trajet en métro prit plus d'une demi-heure et Denny eut la satisfaction de constater que durant les dix dernières minutes il n'avait pas vu un seul Blanc dans la rame. Exactement ce qu'il lui fallait.

Il descendit à Rockaway Avenue et regarda autour de lui. Le vent soulevait des ordures dans la rue. Parfait. Rien ne signale autant l'argent de la drogue que les services sociaux en perdition. Carcasses de voitures et verre brisé, officines d'encaissement de chèques, adolescentes avec des poussettes, adultes obèses et dépenaillés. À part la couleur de la population et la hauteur des bâtiments ç'aurait pu être sa ville natale de l'Oklahoma.

Il marcha un moment sous le métro aérien en regardant dans les cours des cités du côté gauche de la rue. Des gamins jouaient au ballon. Des filles bavardaient. Des habitants du coin le regardaient en se demandant probablement ce qu'un Blanc en costume faisait là. Il s'assura que sa veste cachait son holster. Ces gens-là avaient assez d'expérience de la rue pour repérer la grosseur révélatrice. Ils allaient vraisemblablement le prendre pour un flic. Il aurait dû y penser. Il aurait dû laisser le pistolet dans la chambre. Oui, mais alors il ne serait pas armé.

Ici.

Un gosse de neuf ou dix ans regardait de tous les côtés. Un rien trop vigilant pour n'être qu'un enfant tout seul. Il avait remarqué Denny. Ils s'observèrent mutuellement. Puis le gosse enfourcha sa bicyclette et rentra dans la cité.

Merde, c'était rudement malin, pensa Denny. Le gosse guettait, et la bicyclette était le signal. Denny traversa la rue et entra dans la cour de la cité pour voir ce qui allait se passer. Un jeune en T-shirt blanc et lunettes noires assis sur un banc tendit quelque chose derrière lui à un gamin efflanqué d'environ quatorze ans. Celui-ci disparut dans une cage d'escalier à proximité. En se dirigeant vers le jeune à lunettes Denny remarqua deux types à la mine patibulaire qui avaient cessé de parler pour le dévisager. *Je l'ai jamais vu avant. C'est un flic.*

Le jeune sur le banc avait l'air détendu, comme après une rude journée de travail, mais même à dix pas Denny sentait sa tension. Il lui fit un signe de tête. *Il veut quoi cet enfoiré de Blanc ?*

Denny lui demanda d'un ton enjoué : « Comment ça va ? » Il indiqua la cage d'escalier où l'efflanqué avait disparu. « Tu viens de donner ton fric à ce gamin au cas où je te secouerais ? »

L'autre ne tourna même pas la tête. Si Denny n'avait pas pu lire dans ses pensées il l'aurait cru endormi.

« Le gosse à la bicyclette, c'est ton guetteur. Ces deux glandeurs-là sont sûrement armés. C'est ton service d'ordre. Le gamin efflanqué c'est ton coursier. Ton produit se trouve dans la cage d'escalier par là. Tu es leur chef. Tu diriges les opérations. Voilà ce que je pense. »

Faut faire dégager cette ordure avant de rater une vente. Il se taisait, immobile, un serpent dans un zoo. Denny entendait la peur et la confusion de ses pensées. Il commençait à se dire qu'il n'était peut-être pas flic, mais pire. Qu'il risquait de se servir du pistolet que tout le monde pouvait voir pour voler ou tuer. Je n'aurais pas dû prendre cette maudite arme, pensa Denny. Qu'est-ce qui m'a pris ?

Denny sortit son boniment de vendeur. « Ce que tu as ici c'est un moyen de faire de l'argent lentement. C'est dangereux. Tu as besoin de protection, de prospection. Qu'est-ce que tu gagnes, cinquante dollars par vente ? » *Vingt dollars. Et je vends vingt doses.* « Tu ne vends peut-être que vingt doses. » Il se mit à extraire les chiffres de l'esprit du jeune homme immobile et parcourut ses calculs. Il faisait trente à quarante ventes par jour, chiffre d'affaires maximum huit cents dollars, le produit lui en coûtait le quart, ce qui laissait six cents dollars à partager avec ses assistants. Les gardes du corps coûtaient chacun soixante-quinze dollars par jour ; le coursier, cinquante ; le guetteur, vingt. Autrement dit, dans ses meilleurs jours ce type gagnait trois cent quatre-vingts dollars, dont il versait la moitié à son patron qui, lui, ne prenait aucun risque. « Dans le meilleur des cas ton bénéfice net est d'environ cent quatre-vingt-dix dollars pour passer toute la journée sur un banc à avoir peur de te faire tuer ou arrêter. Je peux t'en faire gagner trois fois plus en deux fois moins de temps et sans aucun risque. »

Sur quoi l'autre tourna la tête vers lui. *J'ai toujours pensé qu'il y avait un meilleur moyen de s'y prendre.* « Arrêtez de déconner. » Sa voix était menaçante, mais Denny l'ignora et se concentra sur l'excitation qui agitait son esprit.

« Nous pouvons vendre autrement. Ma copine travaille dans un bar. Des tas de Blancs en costume-cravate qui veulent tous de la coke. Ils achètent plusieurs doses à la fois. Pas de la merde à vingt dollars, ils crachent entre trois cents et six cents dollars pour de la dope. Mais pas de cristaux, rien que de la poudre. Ça te fait gagner encore plus de temps parce que tu n'es pas obligé d'ajouter du bicarbonate de soude qui fout tout en l'air. » Denny se mit à rire, tout en entendant que le jeune homme était impressionné par sa connaissance du produit.

Il se mordait la lèvre, il réfléchissait intensément, premier signe qu'il était intéressé. Quand on grandissait dans ce quartier, maîtriser son langage corporel était sans doute une question de survie. Au bout d'une minute il fit signe à l'un des gardes du corps de venir s'asseoir. Le type était content de vendre. Lui aussi restait impassible, mais son cerveau était en ébullition. Tout le monde apprécie une promotion.

« Débarrasse-toi de ton arme si tu dois vendre », ordonna le T-shirt blanc. Denny vit l'autre refiler subrepticement son arme à son collègue, puis aller s'asseoir sur le banc en prenant la même pose détendue.

« Venez avec moi », dit le chef à Denny. Il le conduisit dans la cage d'escalier où l'efflanqué parlait avec une jolie fille à peu près de son âge chargée d'un sac à dos. Ils montèrent deux étages. « Donnez-moi votre arme. »

Denny libéra son pistolet et le lui tendit.

« Putain, mec, c'est une arme de police. Un holster de flic.

– Ouais. Je l'ai pris à un flic. J'en suis pas un si c'est ce qui te tracasse. »

Le chef haussa les épaules et glissa le pistolet dans sa ceinture. Il avait déjà décidé que Denny n'était pas de la police. Il n'était pas télépathe, mais son activité professionnelle l'avait rendu aussi perspicace qu'on pouvait l'être. Dans le couloir il le fouilla rapidement, vérifia ses chevilles et ses poches. Puis il frappa à la porte. Un homme d'une trentaine d'années ouvrit. Une télé hurlait. Denny remarqua que c'était un modèle récent à écran plat. Un garçon qui aurait pu être un camarade d'école du guetteur s'amusait à un jeu vidéo. Une femme latino s'activait dans la cuisine et le parfum chaud du cumin envahissait l'appartement. Une autre femme portait un bébé dans les bras. Une famille modèle, se dit Denny, sauf que la famille vivait dans un logement social et que le père était un dealer.

« Darius, dit l'homme. Tu es censé être en bas sur le banc.

– Tu devrais écouter ce que ce type a à dire », répondit Darius en montrant Denny. Qui s'avança. L'appartement ne correspondait pas à ce qu'il avait imaginé. Tous les meubles étaient faits sur mesure, la cuisine sentait encore la peinture fraîche. L'épouse couverte de bijoux en or donnait le biberon au bébé. Tous dans l'expectative, y compris la domestique latino.

« Je m'appelle Brooks, annonça-t-il comme s'il vendait des tranche-légumes dans une émission commerciale tardive, et j'aimerais vous aider à vendre de la drogue. »

8

« Ici mallette », déclara M. Huc en la montrant à Snowe. « Chauffeur de taxi, lui très gentil. Lui homme très bon. Nous lui envoyer cadeau. »

La veille, dans sa chambre d'hôtel, Snowe avait visionné la vidéo de Denny en train de tabasser le policier dans l'ascenseur. Il en avait vu beaucoup dans son métier, cambriolages dans des magasins, bagarres sur des parkings de centres commerciaux, et même parfois un meurtre saisi par une caméra. Il l'avait sûrement jugée moins choquante que Terry l'espérait. Pour ses débuts au cinéma en circuit fermé, le rôle de star de Denny avait été bref et brutal, ainsi que Terry l'avait annoncé, mais l'impression qu'en avait Snowe s'opposait à la sienne. Au lieu de trouver Denny gratuitement violent, il avait remarqué tout de suite qu'il n'avait causé aucun dommage inutile. Dès que le policier s'était écroulé, Denny l'avait laissé tranquille. Il ne visait que sa propre survie, pas la violence.

Il avait également remarqué l'Asiatique, identifié par la sécurité du bâtiment de l'ONU comme étant M. Huc. Il avait regardé plusieurs fois la scène où Denny lui arrachait la mallette et l'expédiait hors de l'ascenseur. Lui aussi avait été mis à l'écart dès que Denny avait obtenu de lui tout ce qu'il lui fallait. La vidéo lui fit comprendre que non seulement Denny agissait vite, mais qu'en plus il réfléchissait vite. Il avait ramassé le portable de M. Huc par terre et avec le plus grand naturel l'avait aussitôt collé à son oreille comme un employé pressé. Ce Denny était très observateur. Rien ne lui échappait. Il n'allait pas être facile à retrouver.

« Oui, mais vous avez fait une réclamation. Il manquait des objets dans votre mallette, exact ?

– Mes stylos ! cria M. Huc. Quand retrouver mallette, pas stylos ! » Il tendit à Snowe une photo des stylos arrachée au catalogue de leur fabricant. « Réclamation, oui ! Eux très chers, oui, mais aussi très précieux... pour moi ! » M. Huc parlait par points d'exclamation haletants et Snowe perçut son exaltation à faire partie de l'enquête. M. Huc avait toujours rêvé de devenir policier, mais dans la région d'Indonésie où il avait grandi les postes étaient attribués par clientélisme, et sa famille n'avait pas de relations. Et M. Huc avait un faible pour les grandes femmes blondes. Snowe se demanda si le déluge d'informations qui se déclenchait chaque fois qu'il parlait avec quelqu'un faisait de lui un meilleur ou un plus mauvais policier. « Le roi Jigme du Bhoutan me les a donnés ! C'était un cadeau ! Vous pouvez les retrouver ?

– En tout cas je vais essayer. » Snowe examina les stylos sur le papier glacé du catalogue et adressa à M. Huc un regard confiant. Il n'avait pas la moindre idée de ce qu'il devait faire. Il n'avait aucune formation d'enquêteur. Il jouait à l'agent du FBI. La seule chose à laquelle il pensa fut de vérifier chez les prêteurs sur gages, et si ça ne donnait rien, alors quoi ? Il allait devoir appeler Terry pour lui dire qu'il était dépassé, surpayé, insuffisamment préparé. Il ne voyait pas comment la télépathie pouvait l'aider à retrouver un homme qui avait disparu sans laisser de trace.

Il serra la main de M. Huc et prit l'ascenseur où tout s'était passé quelques jours plus tôt. Rentré à l'hôtel il avala un casse-croûte commandé au service d'étage et trouva un annuaire par professions en bas du placard. Il arracha la page des prêteurs, attrapa la photo des stylos et une de Denny et sortit.

Il remarqua que la plupart des adresses répertoriées se trouvaient à quelques rues de l'hôtel, toutes rassemblées dans le même secteur de la 47ᵉ Ouest. Ce n'était même pas très loin du siège de l'ONU. En supposant que Denny ait le même annuaire il avait fort bien pu aller au même endroit. En supposant. En supposant qu'il n'ait pas usé de ses talents pour gagner mille dollars au poker au milieu de la nuit. En supposant qu'il n'ait pas quitté l'État de New York. Ça valait le coup d'essayer avant de baisser les bras.

Chez le premier prêteur, un Arabe essayait de vendre une stéréo à un jeune couple noir et Snowe attendit en s'interrogeant sur le protocole à respecter. S'il était du FBI comme il le prétendait, pouvait-il les interrompre ? L'application de la loi avait-elle la priorité sur les bonnes manières ? Il rôda un moment dans le magasin en écoutant l'homme décrire les avantages des prises plaquées or pour une meilleure qualité de son, et expliquer que pour quatre-vingts dollars de plus ils pourraient entendre chaque crépitement et chaque respiration des interprètes dans le studio. Finalement, au bout de cinq minutes, il s'approcha de l'Arabe en disant : « Excusez-moi. »

Visiblement mécontent d'être interrompu pendant son boniment, l'homme lui lança un regard irrité. « Je suis à vous dans une minute. »

Snowe montra sa carte. « FBI. » Puis la photo des stylos.

Il m'a interrompu. Ils allaient acheter cette merde pour deux cent soixante dollars. C'est fichu. « Qu'est-ce que c'est ? Des stylos ? Et alors ?

– Quelqu'un est-il venu essayer de vous les vendre ?

– Non. » Il retourna parler des baffles au couple tandis que Snowe envisageait de l'obliger à fermer son magasin toute une journée rien que pour l'emmerder. Mais il savait que l'homme ne mentait pas. Il sortit et traversa la rue. Dans le deuxième magasin une jeune femme asiatique jouait sur son iPhone. Elle regarda à peine la carte du FBI et la photo, mais quand elle dit ne pas avoir vu les stylos, Snowe sut qu'elle non plus ne mentait pas. Deux autres magasins, deux autres personnes qui ne souhaitaient pas lui parler et n'avaient pas vu les stylos. Dans la cinquième boutique, le type fut réellement amical, et impressionné par le badge de Snowe. Il voulait que son fils entre au FBI, et il avait des questions sur la façon de procéder. Snowe lui donna des réponses qu'il espérait exactes. Où envoyer sa candidature ? Vous trouverez un formulaire sur Internet, vous pouvez aussi appeler. Combien de temps dure la formation ? Environ trois mois. Ça n'était qu'une supposition de Snowe parmi d'autres. C'est difficile d'y entrer ? Snowe essaya de paraître modeste sans manquer de respect à un organisme chargé de faire appliquer la loi et sur lequel il ne savait rien en dehors d'*Esprits criminels*. Quand il ressortit, il comprit que s'il voulait continuer à interpréter un agent du FBI il allait devoir faire quelques recherches. Et aussi que Denny n'était jamais venu là.

Il ne restait plus qu'un magasin avant le bout de la rue. Aucun autre dans ce quartier, peut-être deux ou trois à Alphabet City, deux à Harlem, et après ? Sillonner New York en montrant partout la photo de Denny ? Avec un sentiment d'échec croissant il poussa la porte et l'endroit lui parut plus luxueux qu'ailleurs. La moquette beige était propre et le magasin, bien éclairé. L'essentiel de la marchandise se composait de bijoux, pas comme d'habitude de guitares et de télévisions, déchets d'un effondrement financier personnel. Le vendeur était en costume-cravate et parlait bas, d'une voix patiente, à un couple qui examinait une bague de fiançailles.

« Vous désirez ? » C'était la première fois que Snowe obtenait l'attention d'un vendeur sans l'avoir réclamée.

Il montra son badge et la photo des stylos. L'homme, la quarantaine, très comme il faut, avec des traits arabes mais un accent anglais, secoua la tête.

« Je regrette. Je ne les ai pas vus. » Il s'apprêtait à retourner auprès des deux clients qui essayaient de décider quelle monture choisir pour leur diamant. Snowe sut que l'homme avait fait de la prison en

Angleterre. Il avait détourné les retraites de personnes âgées en maison de santé.

« Vous mentez.

– Je vous demande pardon ? » L'homme fut réellement surpris. Il mentait bien, il avait de l'entraînement.

« Vous avez déjà vu ces stylos. » Snowe reposa la photo sur la vitrine. « Quelqu'un que vous connaissez vous les a apportés.

– Désolé, vous faites erreur. Je ne les ai pas vus. »

Snowe le regarda quelques secondes devant le couple ébahi qui ne savait que penser de cette intrusion. « Angela, dit Snowe. Qui est Angela ?

– Angela ? Elle a travaillé ici.

– Où je peux la trouver ?

– Franchement, je ne sais pas. Je ne l'ai pas vue depuis des mois. » Des images d'Angela. Des images d'elle nue dans son lit. Elles étaient anciennes. De plus récentes émergèrent, Angela à un comptoir dans un bar où elle était allée travailler après leur rupture et son départ du magasin. Il y avait une barre de cuivre le long du comptoir. Des images très récentes d'Angela portant un chemisier au logo du bar et posant les stylos sur cette même vitrine. Le nom du bar était Corgi's.

« Merci de m'avoir accordé de votre temps. » Toujours sous le regard perplexe du couple il remit la photo dans sa poche et s'en alla. Il marcha jusqu'à la 7e Avenue, héla un taxi et demanda au chauffeur : « Vous connaissez le Corgi's ?

– C'est à quelques rues d'ici.

– En route. »

Denny compta la liasse de billets et la répandit en riant sur la table basse. Six cent quarante dollars. Pas mal pour une soirée de travail.

Ses nouveaux amis T-Dog et Darius étaient arrivés devant le Corgi's et avaient attendu que Denny entre prendre les commandes. En costume-cravate, Denny se promena dans le bar en guettant dans les pensées des clients le moindre désir de cocaïne. D'emblée, un jeune homme d'affaires aux cheveux coupés très court qui arrivait directement de son bureau eut envie d'appeler son dealer. Son regard croisa celui de Denny qui se tapota une narine. L'homme s'excusa auprès de ses compagnons et s'approcha.

« Qu'est-ce que vous proposez ? »

Denny sut qu'il avait l'habitude de payer cent dollars pour un gramme et trois cents pour trois grammes et demi. Il lui indiqua donc les prix auxquels il était habitué. Le type commanda deux parachutes de trois grammes et demi et lui allongea six cents dollars. Comme T-Dog avait fixé les tarifs à quatre-vingts dollars pour un gramme et deux cent soixante-dix pour trois et demi, Denny alla donner cinq cent quarante dollars à Darius et garda la monnaie. Ces gars avaient établi le prix de leur produit pour leurs clients habituels, les fauchés et les chômeurs, et ne s'étaient pas donné la peine de les adapter à la population de Wall Street, permettant ainsi à Denny d'empocher la différence. Ils se rendirent dans trois autres bars, et en deux heures les nouveaux amis de Denny avaient reçu plus de cinq mille dollars. Il en avait six cent quarante posés devant lui. La vie était belle.

Et ils avaient décidé de répéter l'opération la semaine suivante. Ils s'étaient quittés joyeusement en se serrant la main. Darius lui avait exprimé son admiration : « Tu es un cinglé de Blanc. »

Denny leur avait recommandé : « Soyez prudents, les gars », et il était sincère. Il ne connaissait Darius que depuis vingt-quatre heures, mais il s'inquiétait pour lui. Il regarda la voiture s'éloigner dans la circulation de la 7ᵉ Avenue avec une certaine mélancolie, pensant qu'il ne les reverrait pas.

Six cent quarante dollars. Il pouvait enfin l'emmener dîner. Le lendemain était le jour de congé d'Angela. Dans l'après-midi il sortirait et s'achèterait autre chose que ce foutu costume. Il appréciait la bonne impression qu'il faisait dans cette tenue, mais il le traînait depuis cinq jours et il commençait à avoir un aspect défraîchi, sans parler de l'odeur. Denny avait besoin de porter quelque chose de décontracté, et qui ne soit pas un T-shirt abandonné par un des ex d'Angela.

Le téléphone sonna et Denny vérifia qui appelait avant de répondre. « Salut ma belle.

– Écoute, Denny. » Il perçut de l'inquiétude dans sa voix. « Un type du FBI est venu me poser des questions sur les stylos.

– Comment il t'a trouvée ? J'espère que tu les lui as donnés. Je te l'ai dit, on n'en a pas besoin.

– J'imagine qu'Ali, au magasin de prêt, lui a dit que je les avais. Mais… il faisait peur.

– Peur ? Comment ça ?

– Il m'a seulement regardée une minute, puis il m'a demandé où j'habitais. Je ne lui ai rien dit, mais il a continué à me regarder fixement. Finalement il est parti.

– Pourquoi ça l'intéresse de savoir où tu habites? Tu crois que ça pourrait être un pervers? » Denny s'était levé, son humeur avait changé d'un coup et il se mit à faire les cent pas.

« J'en sais rien. C'était bizarre, comme s'il pensait à autre chose en me questionnant sur les stylos. Puisqu'il est du FBI, je suis sûre qu'il pourrait trouver mon adresse.

– Merci de m'avoir prévenu, ma belle.

– Denny, j'ai peur.

– Tout va bien. C'est rien, je suis sûr. » Il était revenu dans la chambre et tirait son arme de sous le lit, où il l'avait cachée. « Tout ira bien. Retourne travailler.

– D'accord. »

Il essaya de changer de sujet. « Hé, ce soir, c'est moi qui m'occupe de la pizza. Tu m'appelles avant de rentrer et je la ferai livrer. Elle t'attendra ici.

– D'accord. » Mais il la sentait inquiète. Pour une fille qui n'était pas télépathe, elle avait une excellente intuition des ennuis à venir. « À plus tard. » Puis elle ajouta : « Fais attention à toi.

– Ça va aller. »

Il raccrocha et arma le pistolet. Le type lui avait demandé où elle habitait et il était parti sans avoir de réponse? Il ne pouvait y avoir qu'une raison à ça : il avait entendu la réponse sans qu'elle ait parlé.

Merde. On dirait que je ne suis pas le seul.

Il prit l'arme et monta sur le toit de l'immeuble, il se pencha pour observer la rue. Son esprit s'emballait. Il imagina qu'une équipe d'intervention du SWAT ou une armée de voitures de police allait débouler dans cette rue tranquille. Des hélicoptères tourneraient au-dessus de lui. Il se rendit compte que le toit n'était peut-être pas le meilleur endroit. Pourquoi ne pas y avoir pensé plus tôt? Il n'était pas le seul.

Il s'immobilisa. Un moment, si je ne suis pas le seul, pourquoi c'est moi qu'ils ont emmené à l'ONU? Ça n'est pas comme si j'étais en tête de liste des gens capables d'aider au respect de la loi.

Ça n'avait aucun sens.

En se penchant au bord du toit il aperçut un taxi qui roulait lentement, comme s'il cherchait une adresse. Il s'arrêta pile devant l'immeuble et un homme en descendit. Un grand type. Bien bâti, l'allure d'un policier ou d'un gardien de prison. Du genre à faire respecter la loi. Denny sut que c'était lui. Apparemment seul.

Très intéressant. Pas d'hélicoptères, pas de SWAT. Ce type allait simplement devenir un héros.

C'était un immeuble de trois étages et le type était sur le trottoir d'en face. Trop loin pour établir le contact. Il regardait l'immeuble, en essayant probablement de deviner quel était l'appartement d'Angela.

Un seul type. Pourquoi l'avoir emmené lui à l'ONU s'ils avaient leur propre équipe de télépathes? Il devait y avoir une raison. Il vit le type prendre son portable et faire semblant de parler à quelqu'un en allant et venant. Qu'est-ce qu'il foutait ? Il attendait peut-être des renforts. Il n'était peut-être pas du tout télépathe. Le SWAT et les hélicoptères allaient débarquer, après tout. Toutes les forces de police de New York chargeaient leurs armes et enfilaient des gilets pare-balles en ce moment, pendant qu'il restait planté sur son toit...

Une jeune voisine d'Angela sortit et descendit les marches d'un pas vif. Le type l'appela. « Excusez-moi, mademoiselle ! » Elle se retourna.

Denny l'entendit crier : « J'ai besoin du code d'entrée. » Évidemment. Il fallait un code à cinq chiffres pour ouvrir la porte d'entrée. Denny vit que la femme était surprise qu'un inconnu lui demande le code de chez elle et au lieu de répondre elle lui lança un regard furieux avant de vite s'éloigner. L'homme attendit qu'elle soit partie avant de traverser la rue.

Aucun doute. Il était télépathe. Et soudain Denny comprit tout. Il mit son pistolet dans la poche de sa veste et redescendit dans l'appartement d'Angela.

49132.

Sonnerie.

La porte s'ouvrit sur une petite entrée avec une rangée de boîtes aux lettres métalliques. Quatre rangées de quatre, seize appartements. Un petit couloir de part et d'autre avec un appartement de chaque côté. Donc quatre appartements à chaque niveau. Angela avait probablement alerté Denny, mais elle ne pouvait pas savoir qu'il connaissait son adresse, donc Denny n'attendait personne.

N'empêche, un fugitif armé a tendance à être nerveux, qu'il attende quelqu'un ou pas, et Snowe se dit qu'il ne pouvait pas frapper partout pour se renseigner. Il alla vers le premier appartement et colla son oreille à la porte. Apparemment personne. Le deuxième, également silencieux. Dans le troisième, quelqu'un regardait un mélo à la télé. Denny percevait très faiblement ses pensées à travers la porte. La personne avait mal aux jambes. Une dame âgée. Snowe fut surpris de capter les pensées malgré un obstacle. Une semaine plus tôt il n'aurait pas imaginé en être capable. Terry avait dit vrai. Il progressait de jour en jour.

Quatrième porte, rien. Personne.

Il monta au premier. Dans les trois premiers appartements, rien, et dans le quatrième, quelqu'un faisait la cuisine. Il sentait l'odeur forte de l'ail revenu dans l'huile. La cuisine devait être trop éloignée de la porte pour que Denny entende quelqu'un penser, mais il doutait qu'un fugitif en cavale se fasse de la cuisine à l'ail. Quoique, pourquoi pas ? Les fugitifs aussi aiment manger. Si tous les appartements des étages supérieurs étaient vides il reviendrait à celui-ci. L'appartement G était une éventualité. Il monta au deuxième étage.

Il ferma la porte du palier très doucement et s'approcha de la première porte avec précaution. Appartement J. Vide. K, rien. Il s'avança dans le couloir. L'appartement L était silencieux.

Mais il y avait quelqu'un. Quelqu'un qui pensait.

Je lis dans tes pensées.

Snowe recula, dos contre le mur, et sortit son arme. *Je lis dans tes pensées. Tu lis dans les miennes.*

Nous communiquons par télépathie. À travers un foutu mur. C'est dingue, hein ?

Snowe resta immobile, le cœur battant.

Il se demandait si Denny allait tirer à travers le mur. Il s'accroupit au cas où une balle traverserait le plâtre. Puis il entendit autre chose. *Je ne vais pas tirer à travers le mur. Je pose mon arme, sur le canapé.*

C'était vrai. Il eut une image de l'arme sur le canapé. *Je l'ai posée.*

Snowe entendit le déclic de la serrure, la poignée tourna. Accroupi dans le couloir il leva son pistolet.

Puis la voix de Denny. « Entre. C'est ouvert. »

9

Sans se relever, Snowe entrebâilla la porte. Puis il respira à fond, leva son arme, donna un coup de pied dans la porte et se jeta à l'intérieur. La porte cogna une petite table dans l'entrée et une photo encadrée se brisa sur le sol.

Denny se tenait dans la cuisine derrière un comptoir, l'air affolé.

« Brooks Denny ? Vous êtes en état d'arrestation. »

Denny ne broncha pas.

« Laisse-moi voir tes mains. »

Denny leva les mains, doigts écartés. « Du calme. Tu sais que je ne suis pas armé.

– Sors de là. »

Denny se mit devant le comptoir. « Du calme, mec.

– Je suis calme. Par terre.

– Quoi ?

– À plat ventre par terre, les mains derrière ton dos.

– Détends-toi, vieux.

– Je suis détendu. Par terre ! » cria Snowe.

Denny soupira. « Non. » Il faisait face à Snowe, les mains levées, doigts écartés. Snowe pointait son arme sur sa poitrine. « Sérieusement, mec. Pose ton arme. »

Snowe ne bougea pas.

« Tu ne veux pas me tuer. Je le sais. Je t'entends penser que tu ne veux pas me tuer. Tu sais que je ne te ferai rien. Nous communiquons. Alors pose ton arme.

– Tu es en état d'arrestation. » La voix de Snowe avait faibli, elle devenait incertaine.

« Ça va, j'ai compris. C'est bon. Je suis en état d'arrestation. Mais j'aurais pu te descendre, et je ne l'ai pas fait parce que je voulais te parler de cette saloperie.

– Quelle saloperie ?

– Ça ! dit Denny l'index sur son crâne. C'est pas normal. Tu l'as oublié ?

– Tu es en état d'arrestation.

– Super, fit Denny en se détendant. Tu veux un café ? » Il se tourna tranquillement vers la cafetière derrière lui qui crachait de la vapeur et gargouillait en répandant son arôme. « J'étais en train de le préparer. Tu en veux ? »

Ils s'affrontèrent quelques secondes du regard, puis Denny dit : « Écoute, mec, je commence à m'ennuyer. »

Snowe baissa lentement son arme.

Visiblement soulagé, Denny laissa retomber ses mains. « Putain, mec, pourquoi tu as cogné dans cette porte ? Je t'avais ouvert. Et maintenant tu as bousillé la photo de sa maman et de son papa. » Il indiqua une petite porte de placard. « Je vais prendre un balai et une pelle. » Il attendit que Snowe lui donne l'autorisation et retourna derrière le comptoir. Avec balai et pelle il alla dans l'entrée et ramassa le cadre brisé. Il examina les dégâts l'air écœuré et alla jeter les débris dans la poubelle en plastique. « Vous autres les flics, vous adorez dramatiser.

– Je pense qu'arrêter un meurtrier c'est plutôt dramatique. »

Denny termina de balayer et ferma la porte.

« C'est bien ce que tu es, non ? Un meurtrier.

– Je suppose. » Denny rangea le balai et jeta les morceaux de verre dans la poubelle. Il prit deux tasses dans un placard et en montra une à Snowe. « Alors, tu veux un café ? Tu n'as pas répondu. »

Comme Snowe ne répondait toujours pas, Denny remplit les deux tasses et passa dans le living. Il en déposa une sur la table basse et fit signe à Snowe de s'asseoir sur le canapé. Snowe regarda le Glock 9 mm que Denny avait posé dessus. Toujours debout, il demanda : « C'est celui que tu as pris au gars de la police militaire dans l'ascenseur ? »

Denny confirma. « Il va comment, bien ? »

Snowe haussa les épaules. « J'en sais rien. Ils ne m'ont rien dit. Vous étiez proches ? Ça t'intéresse vraiment ? » Snowe s'assit sur le canapé. « On peut aller le voir à l'hôpital, si tu veux. »

Denny rit. « Tu es un drôle de type. Tu veux du lait ? Du sucre ?

– Du lait. » Quand Denny apporta un carton de lait, Snowe déclara : « Ça ne se passe pas comme je l'avais imaginé. »

Denny s'assit en face de lui, sa tasse à la main, et regarda par la fenêtre d'un air mélancolique. « Le café. Mec, en prison il est merdique. Celui qu'elle a ici est vraiment bon. De l'éthiopien ou je ne sais quoi. Comme la pizza. J'avais oublié comme c'est bon, la pizza. Tout ce qu'on a en taule c'est de la merde congelée. Pas de garniture, rien que cette saleté de fromage, et la moitié du temps ils ne la cuisent pas assez, il reste toujours des petits bouts de glace dedans... »

Snowe le rappela à l'ordre. « Qu'est-ce que tu racontes ? Tu sais que tu es en état d'arrestation. Je t'emmène dès qu'on a fini, alors bois.

– À ton avis, qu'est-ce qui va se passer ?

– Tu retourneras en prison, à ta place.

– Ils vont me tuer.

– Ouais. C'est ça, une condamnation à mort. Désolé. C'est nul. J'y suis pour rien. Mais tu as tué un flic, alors...

– Non. Tu ne comprends pas. Ils vont me tuer. » Denny posa sa tasse sur la table. « Rien à voir avec ma condamnation. Ils vont me tuer. »

Snowe se taisait, Denny poursuivit. « Ensuite ils vont te tuer. »

Snowe rit. « Ils ne me tueront pas. » Denny le charriait. Pourtant, il croyait réellement à ce qu'il disait.

« J'aurais pu te tuer. Je t'ai vu arriver en taxi. Je t'ai vu demander le code à la fille. Je savais que tu allais de porte en porte dans les couloirs. J'aurais pu sortir sur le palier et te descendre. Pour moi, c'est clair qu'ils veulent te voir mort. »

Snowe restait muet.

« C'est pour ça que je ne t'ai pas tué. Je ne ferai pas leur sale boulot à leur place. Qu'ils aillent se faire foutre. »

Un silence. Snowe posa son pistolet, qu'il n'avait pas encore lâché, sur le canapé à côté du 9 mm de

Denny. Il regarda les deux armes enfoncées par leur poids dans les coussins trop mous, le canon dangereusement dressé.

Denny lui demanda : « Qu'est-ce que tu crois qu'elle fait, cette femme ? Qu'est-ce qu'elle t'a dit ? » Il écouta une seconde les pensées de Snowe et rit. « Elle allait te donner un poste ? Dans une agence gouvernementale ? Et tu pensais que tu allais la sauter. Moi aussi. Je me suis dit qu'elle allait m'emmener dîner et que peut-être, après, on baiserait à l'arrière de sa grosse voiture officielle. » Denny se leva, ouvrit les fenêtres et écarta les tentures d'Angela pour laisser entrer le soleil. « Elle ne te donnera pas de poste.

– Tu es parano. Tu es devenu fou.

– C'est une tueuse. Une salope de meurtrière. C'est son métier. Elle ne fait que ça.

– Je sais que tu crois ce que tu dis, mais... tu dérailles.

– Elle ratisse le pays, elle nous trouve et elle nous tue. Dans son code elle appelle ça nous emmener dîner.

– Comment tu le sais ? Tu ne peux pas la capter. Tu inventes.

– Il y avait un gardien de la prison. Il a fouillé dans ses affaires pendant que j'étais avec elle dans la pièce, aux Nations unies. Il a compris. Ensuite il est entré et il est resté à côté de moi, le con. J'imagine qu'il n'avait aucune idée de ce qui se passait. »

Snowe doutait. « Ça ne veut rien dire. Le gardien était parano lui aussi.

– S'il y a autant de paranos, ça veut peut-être dire qu'il y a une saloperie qui se passe. » Denny se mit à parler plus fort, comme s'il s'adressait à un enfant récalcitrant. « Ils t'ont envoyé à ma recherche. Seul. À ton avis, pourquoi ?

– Comment ça pourquoi ? Parce que je suis flic. Et télépathe. Pour coincer un télépathe il faut un télépathe, c'est ce qu'elle a dit.

– Tu trouves ça logique ? Il suffirait qu'ils affichent ma gueule dans tous les médias. Qu'ils demandent à la police d'ici de s'en occuper. Mais ils ne le font pas. Parce qu'ils veulent que personne ne sache qui je suis. J'ai passé une heure dans une pièce à écouter un vieux salaud du Département d'État qui a passé la moitié de sa vie à la CIA. Tu sais la quantité de saloperies que j'aurais pu tirer de lui pendant que j'y étais ? Je n'y ai même pas pensé, je faisais seulement ce qu'ils me demandaient. Mais si ça dépend d'eux, impossible qu'ils me laissent vivre une minute de plus. »

Il poursuivit sur le ton d'un prof sur le point de perdre patience. « Alors ils découvrent que toi aussi tu es télépathe. Et ils t'envoient à mes trousses. Pourquoi ? Ils espéraient qu'on s'entretuerait. Si tu me tues, très bien, ils peuvent te tuer plus tard. Si je te tue, très bien aussi, parce qu'alors ils sauront où je suis. Dans un cas comme dans l'autre, ils seront bien plus près de leur but, qui est que nous crevions. »

Snowe secouait la tête, incrédule, mais Denny n'en avait pas fini. « Un type seul, à la recherche d'un condamné à mort armé qui n'a rien à perdre. Sérieusement. Tu crois que tu as une importance pour eux ? Ils veulent que je te bute à leur place, pour qu'ils n'aient pas à se donner ce mal. » Il sourit. « Tu sais que j'ai raison. Tu sais que c'est pour ça que je ne l'ai pas fait quand j'en avais l'occasion. »

Il alla mettre sa tasse dans l'évier. Snowe regardait dans le vide. *Il a peut-être raison.*

Brave garçon, pensa Denny. *C'est pour ça que je ne t'ai pas descendu.*

« C'est pour ça que tu ne m'as pas descendu ?

– C'est fou, répondit Denny en riant. J'oublie que tu peux m'entendre aussi. Bon, je vais prendre une douche. En attendant, réfléchis à ce qu'on va faire après. »

Snowe, assis sur le canapé la tête dans les mains, écoutait l'eau couler. Ce Denny pouvait être cinglé, mais il disait beaucoup de choses sensées. Puis il pensa à Terry au café. Elle avait effleuré sa main, lui avait parlé avec douceur. Elle ne pouvait pas être une tueuse. Ce type déraillait. Il sortit de sa poche le téléphone qu'elle lui avait donné, prêt à l'appeler. Pour lui demander quoi ? Est-ce que vous êtes un assassin à la solde du gouvernement ? Non ? Bien, simple vérification. Il rangea le téléphone.

Il y avait un ordinateur relié à Internet sur le comptoir de la cuisine. Il l'ouvrit, attendit qu'il démarre, s'assit sur le tabouret et s'aperçut que ses mains tremblaient. Il tapa *telepathe 1234.* Introuvable. Il tapa le nom du site de l'hôpital et trouva le lien de la santé mentale. Une fenêtre de recherche s'ouvrit : « Recherche par nom de l'utilisateur ». Il tapa *telepathe1234.*

Cet utilisateur n'existe pas.

Il essaya d'autres versions. En majuscules, avec un trait d'union, souligné. *Telepathe12345.* Aurait-il oublié le 5 ?

Cet utilisateur n'existe pas.

Ça ne voulait rien dire. Le site effaçait peut-être les vieux profils s'ils n'envoyaient rien pendant un certain temps. Il trouva pourtant des messages datant de huit ou neuf ans.

Il avait dit à Terry qu'il avait trouvé Wiggins. Elle avait paru surprise. S'était-elle précipitée dans son bureau pour effacer la trace ? Elle n'avait pas semblé s'y intéresser. Denny avait peut-être raison. Ou il était fou. Terry Dyer était peut-être en train de préparer le dîner pour ses enfants, si elle en avait, ou de promener son chien, si elle en avait un, pendant qu'un tueur de flic complètement timbré racontait des mensonges sur elle. Mais merde. C'était bizarre que telepathe1234 ait disparu. Et Snowe savait que ce que disait Denny correspondait à ses pensées.

Il tapa Kenneth Wiggins, Philadelphie. Deux Wiggins seulement. Un avis de décès. Kenneth Wiggins, etc., famille aimante, etc., sa veuve Emily et sa fille Tara. Il nota les noms et chercha l'adresse et le numéro de téléphone de la veuve.

Le bruit de l'eau s'arrêta et il entendit Denny s'habiller dans la chambre. Le téléphone sonna derrière lui, il sursauta. Il était plus tendu qu'il ne pensait.

« Surtout ne réponds pas ! » cria Denny. Il arriva en courant, vérifia le nom et décrocha. « Salut ma puce. »

Snowe entendit une voix de femme affolée. Puis Denny répondit. « Naan, je vais bien. Ne t'inquiète pas pour moi, tout va bien. » Il écouta un instant. « Oui, OK. Ça marche... D'accord. D'accord. Pas de problème... OK. À plus tard. Travaille bien ce soir. »

« On dirait un couple marié », remarqua Snowe.

Denny se mit à rire. « Elle s'inquiète pour moi. Elle est futée. Elle t'a trouvé menaçant. »

Snowe se retourna en souriant presque et resta pétrifié. « Putain de merde. » Son sang se glaça.

Denny était debout près du téléphone, une serviette nouée autour de la taille, et en voyant l'expression de Snowe il resta pétrifié à son tour. Il entendit ce que pensait Snowe et regarda son tatouage sur son épaule gauche, le serpent avec le bout de la queue en rouge.

Une chose inquiétante de plus. Snowe et Denny avaient exactement le même.

10

Adak Island, Alaska, 2003. Snowe attendait d'embarquer pour la Corée et on l'avait gardé une semaine de plus à la base à cause d'un « retard administratif », sans autre précision. Snowe se rappelait seulement qu'il avait traîné toute une semaine à ne rien faire dans le coin le plus ennuyeux de la terre et avait essayé de s'amuser en jouant à des jeux vidéo avec un soldat prétendument malade qui s'appelait Dobbs et venait de Boston. Un soir, Dobbs, qui semblait ne pas travailler à la base, n'avait apparemment aucune responsabilité et était à tu et à toi avec tous les officiers, proposa à Snowe d'aller prendre une bière.

Ils avaient marché dans la neige jusqu'à un baraquement en tôle rouillée qui faisait office de bar local. De la sciure par terre, deux billards électriques et une odeur de bois mouillé. Les seuls autres ce soir-là étaient le barman, à l'allure étonnamment soignée, et deux officiers, l'un grand et l'autre petit, avec une moustache.

Tous les quatre avaient parlé de sport, de femmes et de chez eux, et Snowe s'était senti plus soûl que d'habitude. La pièce s'était mise à tourner, et pourtant il n'avait pris que de la bière. Mais sans doute plus qu'il ne croyait. Il se rappelait vaguement être monté dans un 4x4 bien chauffé, avec des sièges en cuir fauve. Puis il s'était réveillé dans son lit avec un mal de tête à hurler, des points de suture sur le cuir chevelu et un tatouage sur l'épaule gauche : un serpent avec le bout de la queue rouge.

« Oui, je me souviens de Dobbs », dit Denny. Assis sur le tabouret à côté de l'ordinateur ouvert, Snowe n'avait pas prononcé un mot. Denny lisait en lui, se concentrait sur les mêmes images que lui. Il éprouva soudain un malaise à l'idée que Denny puisse extraire tous les secrets, toutes les images de son passé, et il voulut l'en empêcher, tout arrêter. Rien à faire. Ils appartenaient à Denny, qui n'attendait même pas que Snowe les mentionne. Les souvenirs que Snowe n'avait jamais partagés avec personne déboulèrent comme pour imposer leur présence, et Snowe essaya de les repousser, de les enterrer sous un amas de banalités. Apparurent le moment où il avait été pris en train de voler des bougies dans le garage de M. Schmid, et sa honte en voyant la déception dans les yeux du vieil homme. Celui où, quand il était au lycée, en voulant téléphoner il avait surpris une conversation sur la ligne et découvert que son père avait une aventure avec une vendeuse là où il travaillait. L'époque où il l'avait caché à sa mère. Le jour où, à l'école primaire, des garçons de sa classe avaient agressé un de ses amis sans qu'il réagisse. Un autre souvenir surgit : en terminale, un devoir entièrement plagié. Tout ce pour quoi il lui était arrivé de se détester se déversait au profit de Denny, et plus Snowe essayait de l'arrêter, plus c'était rapide.

Denny riait. « T'inquiète, vieux, tu peux faire pareil avec moi. » Snowe ne répondit pas et passa les doigts sur la vieille cicatrice des points de suture dans son cuir chevelu.

Elle était restée sensible, comme si les nerfs avaient été endommagés, mais pas trop. « Tu avais des points de suture sur la tête quand tu t'es réveillé ? »

Denny réfléchit. « Peut-être. Ça n'aurait pas été la première fois que je m'étais soûlé et que je me réveillais aux urgences. Je suppose que ça ne m'a pas frappé.

– Tu te rappelles quand on t'a tatoué ? »

Non. Ils restèrent un moment silencieux, sans se regarder, occupés par les pensées de l'autre.

« Je crève de faim. Et toi ? » demanda Denny.

Non. Je viens de manger.

« Il faut sortir », dit Denny. Ou il le pensa seulement. Quoi qu'il en soit, Snowe l'entendit clairement et fut d'accord. En descendant l'escalier ils décidèrent tacitement d'aller manger quelque part.

Dans la 49e, Snowe vit un jeune homme accompagné d'un golden retriever qui s'était assis sagement en attendant de pouvoir traverser.

Il demanda à Denny : « Tu captes aussi les chiens ? » Denny pouvait.

Ils arrivèrent au feu et attendirent avec le jeune homme. Snowe montra le chien à Denny : « Qu'est-ce qu'il pense ? »

Le jeune homme entendit la question et adopta l'attitude new-yorkaise qui consiste à faire comme si de rien n'était, une pratique courante chez les citadins habitués à croiser des excentriques et des cinglés.

Denny haussa les épaules. « Il se contente de regarder. » Denny savait que ce n'était pas la réponse que Snowe attendait, et il essaya encore. « Il absorbe. Il regarde, il sent, il écoute. Ça n'est pas comme pour les personnes. Il est totalement dans l'immédiat. Il ne pense pas à, disons, son enfance, toutes ces conneries. Il regarde et il sent. Par exemple, la poubelle là-bas. Quelqu'un y a jeté un carton de frites. Il les sent, et s'il n'était pas en laisse il courrait les récupérer. »

Le jeune homme tourna légèrement la tête et regarda Denny du coin de l'œil en souhaitant visiblement que le feu change très vite.

« Les animaux c'est sympa, continua Denny. Je ne me sens pas mal avec eux. Ils ne pensent pas beaucoup. Angela, c'est une fille bien, mais merde, elle n'arrête pas de penser. On était en train de baiser l'autre soir et elle pensait à la vaisselle qu'elle avait laissée dans l'évier. Je te jure. Elle faisait comme si elle prenait du plaisir, mais elle a cette drôle d'obsession de ne rien vouloir laisser dans l'évier quand elle va se coucher. Il faut avoir un évier vide quand on se réveille, tu comprends ? » Il riait.

Le jeune homme tira sur la laisse et traversa avec son chien sans attendre le feu, trop pressé de s'éloigner d'eux. *Qu'est-ce qu'ils ont ces deux-là ? Complètement malades !* Quand ils passèrent devant la poubelle, le chien fit un écart brusque pour s'en approcher, mais le maître le retint, le chien renonça et obéit.

« La vie est un compromis, pas vrai ? » dit Snowe en observant la scène.

Denny était trop perdu dans sa propre histoire pour comprendre de quoi parlait Snowe. « Tu as baisé depuis... » Il s'interrompit, il avait déjà la réponse. « Ça gâche tout. Aucun plaisir. C'est nettement mieux quand on n'entend pas ce que l'autre pense. »

Le feu passa au vert. « On trouve de la pizza là-bas, dit Snowe en indiquant la direction. Si on y allait pour décider de la suite ? »

Terry entra dans le bureau et tapa sur l'épaule de Jerry, l'assistant d'Emmanuel. « Salut mon chou, dit-elle gentiment. Tu peux m'ouvrir un plan sur l'écran plat ? »

Jerry était un garçon à l'air aimable, guère plus de vingt ans, fort en informatique. Depuis quelques semaines, Terry le soupçonnait d'avoir un faible pour elle et l'y encourageait quelque peu. Sans le partager, mais parce qu'elle considérait que ça facilitait le travail avec les hommes. Il suffisait qu'elle leur dise « mon chou » ou qu'elle leur touche l'épaule de temps en temps pour qu'ils fassent sans hésiter tout ce qu'elle leur demandait, en collaborateurs modèles. Elle s'étonnait toujours d'entendre les autres femmes, généralement à la cafétéria, se plaindre amèrement de l'attention des hommes. Apprenez à vous servir de ce que vous avez, connasses.

Et la loyauté de Jerry n'avait rien de risible. Dire qu'il était fort en informatique était presque un euphémisme : localiser les sous-marins nucléaires russes ou le portable personnel du président du Pakistan était pour lui une affaire de minutes, et Terry se demandait s'il se servait de ses compétences pour apprendre quelque chose sur elle. Elle avait décidé que oui, naturellement. Il fallait simplement vivre avec. On cache autant qu'on peut de soi et on vit sa vie. C'était la nouvelle norme. D'ailleurs, que pouvait apprendre Jerry à son sujet ? Qu'elle était née dans l'Arkansas, que son papa avait été dans l'armée de l'Air et sa maman une femme au foyer ? Si c'était ça le genre de trucs qui donnait un avantage avec les femmes, il y avait des progrès à faire.

Il tapa sur quelques touches et un plan de Manhattan apparut en haute définition sur le grand écran plasma qui couvrait une bonne partie du mur du bureau. Terry murmura son approbation.

« Tu es allé dans quelle université, Jerry ? » demanda-t-elle comme si elle se trouvait en présence d'un génie.

– Nulle part.

– C'est vrai ? » Terry s'imaginait que son département n'engageait ses informaticiens que dans les meilleures écoles, et elle s'était préparée à s'extasier quand il répondrait Berkeley ou MIT. Elle n'aurait pas dû s'étonner. Ils l'avaient engagée elle-même dans une foire à l'emploi dans une université à cycle court à Little Rock. « Et au lycée ?

– Dans le Dakota du Nord. » Il ajouta avec ce qui ressemblait à de la fierté : « Mais je n'ai pas eu mon diplôme.

– Tu as décroché ? » Terry était sincèrement surprise, mais elle comprenait sa fierté. Obtenir un poste comme celui-là sans aucune qualification signifiait que seuls ses talents avaient impressionné quelqu'un.

« Ma mère a eu un cancer et l'hôpital nous demandait de payer des frais que l'assurance aurait dû couvrir. Alors j'ai piraté leur système et ça a fait du bruit. Je me suis fait prendre. » Il eut un sourire penaud. « Au lieu des flics, le gouvernement a envoyé des types du FBI m'interviewer. Et quand j'ai eu dix-huit ans ils m'ont proposé un boulot.

– Ça alors. » Encore une nouvelle norme. Les départements comme le sien comptaient de moins en moins sur les anciens critères, CV et crème des universités : ils engageaient des délinquants intelligents dans des trous perdus. Elle ignorait si cette évolution était bonne ou mauvaise. Et ne pouvait pas se plaindre puisqu'elle-même appartenait à la nouvelle race. Ça coûtait évidemment moins cher, mais on courait le risque de remplir ses bureaux d'esprits libres. En recherchant des individus qui n'avaient pas dans leur CV quatre ans de soumission à une autorité, on pouvait se retrouver avec un incontrôlable comme Edward Snowden.

Terry revint à l'immense plan en haute définition. « Tu peux y ajouter son itinéraire ? »

Encore quelques clics sur les touches et une ligne rouge apparut, zigzaguant sur quelques rues de Manhattan. En différents points de la ligne figuraient des rangées de petits chiffres.

Très bien, se dit Terry, voyons ce qu'a inventé notre ami. Qu'est-ce que nous avons là ?

Un curseur surgit sur l'écran, une flèche blanche géante de la taille d'un demi-pâté de maisons de

Manhattan. « Les chiffres indiquent des heures, dit Jerry. Donc il a démarré à… » Le curseur se déplaça de façon spasmodique pendant quelques secondes avant de se poser à une extrémité de la ligne rouge. « Ici. »

Terry regarda l'adresse et la reconnut. « C'est son hôtel.

– OK. Pas de surprise jusqu'ici. Il a dormi à l'hôtel. Le lendemain matin il est allé là. » La carte montra une autre adresse que Terry connaissait bien.

« Le siège de l'ONU. La scène du crime. Il a dû interroger le Chinois.

– L'Indonésien.

– Peu importe. Ensuite ?

– Ensuite retour à l'hôtel. Il a passé une commande au service d'étage à onze heures cinquante-six et…

– Il a commandé quoi ? »

Jerry parut surpris par la question mais tapa sur quelques touches. « Un club-sandwich et un Coca. Pourquoi ?

– Pour savoir. Ça pourrait vouloir dire quelque chose. Un club-sandwich, c'est assez simple. Signe qu'il ne fait pas flamber notre carte de crédit. Qu'il prend son rôle au sérieux. » Elle réfléchit une seconde. « Il a regardé la télé ?

– Il ne l'a même pas allumée.

– Il s'est servi de l'ordinateur ? »

Jerry pianota. « Non.

– Bon, ensuite où ? » Elle s'approcha de l'écran télé et suivit du doigt la ligne rouge le long de la 47e Ouest. « Il s'est arrêté dans plusieurs magasins de cette rue. Il fait des courses ? »

Jerry tapa l'adresse du premier arrêt sur la ligne rouge. « On dirait un prêteur sur gages.

– Hmm, il fait peut-être des courses.

– La deuxième est aussi un prêteur sur gages. » Il pianota encore. « Toutes ces boutiques sur la 47e Ouest sont des prêteurs sur gages.

– Il ne fait pas de courses, il cherche quelque chose.

– Ensuite il s'est déplacé loin en moins de huit minutes. Probablement en taxi. L'adresse est… » Jerry pianota et resta interloqué. « Un bar. Corgi's Tavern.

– Il a pris une bière ?

– Il a dû la boire rudement vite. Il n'est resté que six minutes. Ensuite nouveau déplacement, rapide, encore en taxi, probablement, et maintenant il est là. Un immeuble d'habitation. »

Terry s'assit au bord du bureau de Jerry. Elle était consciente des efforts qu'il faisait pour ne pas réagir à la proximité physique et elle s'approcha encore davantage. « Qu'est-ce qu'il peut bien mijoter?

– Il est là depuis plus d'une heure.

– Il vient voir un ami ? Il pourrait avoir des copains à New York. Qui habite là ? »

Jerry pianota frénétiquement. « Beaucoup de monde. Il y a plusieurs appartements.

– Vérifions-les tous. »

Terry remarqua que cette tâche, que d'autres trouveraient assommante, le faisait frémir d'enthousiasme. On ne trouve ça ni au MIT ni à Caltech. Ce type adorait compiler des masses de données. Terry lui adressa un sourire chaleureux mais il était trop occupé pour le remarquer.

« Appartement A, nous avons un Ken Allais. Il est salarié de Five Boroughs Residential Management Services qui est le propriétaire de l'immeuble. Ce doit être le responsable de l'entretien. »

Il énuméra plusieurs autres noms, dont celui d'une femme qui bénéficiait d'un loyer modéré parce qu'elle habitait là depuis 1974 et touchait une pension. Un autre était avocat dans une agence de courtage. Non. Au suivant. Jeffrey Welch, employé de la police de New York. Un collègue ? Un vieil ami auquel Snowe venait demander de l'aider ? Jerry ajouta que son dernier salaire datait de deux ans. Il était devenu représentant et d'après ses relevés de téléphone et d'Internet il était absent depuis près d'un mois. Terry lui fit signe de passer au suivant.

« Appartement J. Ken Ray, il dirige un service de traiteur à domicile dans le Queens. » Il attendit les instructions de Terry, qui s'attardait sur Ken Ray.

« Quel âge ?

– Né en avril 1962. Donc cinquante-trois ans. »

Au suivant.

« Appartement K, nous avons Kelly Misch. Esthéticienne diplômée. Quarante-six ans.

– Ensuite. »

Terry regarda les doigts de Jerry voltiger sur les touches. Il y avait quelque chose d'érotique dans le spectacle d'un homme aussi captivé par son travail, concentré et confiant. Quoi de plus séduisant que la maîtrise ? Jerry surprit son expression et sourit nerveusement. Trop jeune, pensa Terry.

« Appartement L. » Jerry en bégayait presque, un peu affolé. « Angela Cataldi, salariée de Myriad

Ways Hospitality Incorporated. Elle doit travailler dans le secteur des services. Vingt-trois ans.

– Suivant. » En réalité Terry n'avait aucune idée de ce qu'elle cherchait. Quelqu'un du nom de Snowe, peut-être ? Un psychologue ayant une expérience de la télépathie ? Un domaine peu connu. Snowe venait peut-être consulter un médium ou une voyante, acheter une arme ou de l'héroïne, voir une prostituée. Peu probable. Ces types-là n'avaient jamais affaire aux prostituées. Pourquoi payer quand on sait tout ce qui se passe dans la tête des femmes ?

Terry remarqua que la ligne rouge avançait dans la 49e.

« Il sort de l'immeuble, dit Jerry.

– Suivons-le. » Ils regardèrent la ligne rouge progresser lentement.

« Il est à pied », dit Jerry comme pour s'excuser de cette lenteur. La ligne s'arrêta à l'intersection. « Il attend le feu vert.

– J'avais compris », fit Terry un brin agacée. La ligne traversa la rue puis s'arrêta de nouveau.

« Où est-il ? »

Encore quelques touches. « Une pizzeria. Il mange.

– Il vient de manger un club-sandwich. Il est avec quelqu'un. Il se passe quelque chose. Mets le son. »

Snowe tendit à Denny une tranche de pizza chaude et se glissa dans le box près de la vitrine. Tout en mangeant ils regardèrent distraitement dehors, un camion de livraison se garait juste devant. Un homme ouvrit la porte de derrière et empila des caisses de sodas sur un diable. Une femme âgée passait lentement et son regard croisa celui de Snowe.

« Dans le train, en venant de l'aéroport, dit-il en ajoutant du parmesan râpé sur sa tranche, il y avait une vieille dame. Dans les soixante-dix, soixante-quinze ans. Elle regardait par la fenêtre avec un grand sourire. Et je me suis dit que ça faisait plaisir de voir des gens aussi heureux. Alors je me suis assis en face d'elle, elle regardait deux jeunes Noirs sur le quai, et tu sais ce qu'elle pensait ? »

Denny sourit en sachant ce qui venait. « Quoi ?

– Elle se rappelait une partouze dans les années soixante. Et quand le contrôleur est passé, un Noir lui aussi, elle l'a imaginé à poil. » Denny rit. « Du coup, j'ai passé le reste du trajet à essayer de me débarrasser de l'image de la bite de ce type. »

Denny éclata de rire, mais il cessa soudain. Snowe vit que son expression était devenue amère et irritée. Il ne la lui avait encore jamais vue. La colère était particulièrement effrayante sur le visage de quelqu'un qui ordinairement, Snowe en prenait conscience, se montrait plutôt calme.

Ils nous ont fait ça, pensait Denny. Au lieu de le dire, rien que pour voir si Snowe répondrait de la même façon et s'ils pouvaient avoir une conversation muette.

Qu'est-ce que nous pouvons faire ? En ingurgitant le dernier morceau de pizza, Snowe constata un autre avantage de son don. Pouvoir parler la bouche pleine.

Denny prit lui aussi une énorme bouchée comme s'il était arrivé à la même conclusion. *Il doit y en avoir d'autres. Nous sommes sûrement très nombreux.*

– Par où commencer pour les rechercher ?

– À toi de le dire. C'est toi le flic.

Snowe finit d'avaler, toussa et but une gorgée de soda. *Dobbs. C'est tout ce que nous avons. La seule chose sûre que nous nous rappelons tous les deux.*

– Dobbs ? Nous n'avons qu'un nom. Et très courant, en plus.

– Il venait de Boston, c'est ça ? Il avait l'accent de Boston.

– Son frère. Denny cessa de mâcher et regarda fixement Snowe en insistant. *Son frère.*

Snowe posa son verre avec un regard interrogateur. « Quoi, son frère ?

– La semaine où j'étais en Alaska, son frère a couru le marathon de Boston. C'était un genre de professionnel. Il figurait parmi les cinquante meilleurs finalistes. En tout cas, je me souviens que c'est ce qu'il m'a dit.

– Merde. C'est exactement ce qui nous faut. » Snowe débarrassa les assiettes en carton et les jeta dans la poubelle. « On va à Boston. »

« Les voilà de nouveau dans la rue, dit Jerry. Il y a trop de bruits d'ambiance. On dirait qu'il y a un camion immobilisé. En plus, le téléphone de notre homme est dans son blouson, le son est étouffé. Si nous laissons l'enregistreur connecté trop longtemps, la batterie va s'épuiser, et nous ne pourrons même plus recevoir le GPS.

– Où en est la batterie ?
– À peine vingt-cinq pour cent. »

Terry soupira. « Allons, connard. Recharge ton téléphone », ordonna-t-elle à l'icône du GPS qui clignotait sur l'écran géant, puis à Jerry : « Éteins l'enregistreur. » Elle attendit qu'il pianote sur quelques touches avant de demander : « Alors, qu'est-ce que ça donne ?

– Il parlait effectivement avec un autre homme. De bites de Blacks. Je doute que ce soit important. Pour le reste, je n'ai pas saisi grand-chose. Il a peut-être mentionné Boston.

– Boston ? Tu as un enregistrement, non ? Combien ça te prendra pour supprimer les bruits parasites ?

– Une heure et demie à peu près.

– OK. Vas-y. Et continue de surveiller son GPS. » Terry examina l'écran qui affichait encore l'appartement où, d'après l'horaire indiqué, Snowe avait passé une heure vingt. « En attendant, je vais essayer de trouver ce qui se passait là et à qui il parlait. » Elle se mit derrière Jerry et posa les mains sur ses épaules. « Bravo, mon chou. Quand Emmanuel viendra, dis-lui que je suis repartie à New York. »

11

Jerry faisait défiler le parcours professionnel d'un jeune homme du nom d'Anthony Schaffer, qu'il avait rencontré la veille dans un bar de Georgetown. Il essayait de draguer une jeune étudiante, Lisa, quand Schaffer, apparu soudain, l'avait emballée en lui parlant de sa start-up. Encore vexé qu'ils soient partis ensemble, il se consolait à présent en apprenant qu'aucun Anthony Schaffer n'avait de diplôme de gestion et management ni de numéro fiscal à Washington ou en Virginie, et que le seul qu'il pouvait trouver dans une base de données locale gagnait sa vie comme « sandwich-artist » dans un Subway à Tyson's Corner.

Jerry se demanda si on disait jamais la vérité. Apparemment, Lisa elle-même avait raconté des bobards en prétendant être en dernière année à l'université de Georgetown ; un coup d'œil à son dossier avait révélé qu'elle n'avait pas réussi à passer en troisième année et qu'elle travaillait à mi-temps chez American Apparel. Quant au barman qui les avait régalés tous les deux de souvenirs de guerre en Afghanistan, il avait passé trois ans à Fort Belvoir, où il travaillait au dispensaire. C'est là que Jerry supposait qu'il avait volé de la drogue, motif de son exclusion. Bien entendu Jerry n'avait pas fait mieux en racontant qu'il travaillait pour le ministère de l'Agriculture, mais ses mensonges avaient au moins l'approbation du gouvernement. On lui avait ordonné de dire qu'il travaillait au service des subventions pour agriculteurs en difficulté, formulation dont l'efficacité pour éviter toute autre question avait été testée sur le terrain. Ce que visaient ses employeurs. Mais l'inconvénient évident était que tout le monde le trouvait instantanément ennuyeux. À quoi bon avoir un super boulot secret défense comme celui-là si on ne peut pas en parler aux filles ?

Il se renversa dans son fauteuil avec un soupir et contempla le plan de Manhattan avec le clignotant rouge du GPS de Snowe. Il se redressa brutalement. Le clignotant rouge avait disparu.

« MERDE ! » Il n'avait quitté l'écran des yeux que quelques minutes, et le type s'était volatilisé. Terry allait piquer une crise. La batterie de son portable était sans doute morte. Ça n'était pas sa faute. Il déplaça le curseur au sud et à l'ouest. Où est-ce qu'il était, bon Dieu ? Le nord apparut et Jerry poussa un soupir de soulagement en voyant le clignotant rouge près de la frontière du Connecticut.

Depuis combien de temps examinait-il les données personnelles des gens ? Le temps filait toujours sur Internet, il le savait, mais ce type *volait.* Avec un zoom sur le clignotant il vit qu'il se trouvait sur la route I-95, et qu'il roulait vite. Dans les cent quarante à l'heure.

Il entra le numéro de portable de Terry et son GPS surgit dans le Delaware, où elle avait l'air d'être bloquée dans un bouchon. Il se demanda si elle savait qu'il savait faire ça et décida de ne pas le lui dire à moins qu'elle le lui demande. Il l'appela.

« Hé, quoi de neuf? » Elle était presque gaie. Ça lui arrivait souvent quand elle était sur une affaire.

« Ce Snowe, il se déplace.

– Vers où?

– Vers le nord. Il est sur la I-95.

– Moi aussi.

– Il est beaucoup plus au nord que vous. » Jerry se mordit la langue, craignant d'avoir donné à Terry l'impression qu'il la suivait à la trace. Ça mettait les gens mal à l'aise de penser que quelqu'un utilisait l'électronique pour surveiller leurs mouvements, même quand ils en faisaient eux-mêmes leur gagne-pain, comme Terry. Il ajouta piteusement: « Je pense. »

Terry éclata de rire. « Tu penses? Allons donc... »

Jerry attendit quelques secondes, le temps qu'il aurait mis à repérer le GPS de Terry s'il ne l'avait pas déjà trouvé sur l'écran géant. « Ah, vous voilà. Dans le Delaware. On dirait que vous ne bougez pas. Il y a un bouchon?

– Une voie est fermée, dit Terry, nullement convaincue par le numéro de Jerry. Où a-t-il trouvé une voiture? Il l'a louée?

– Oui. Il s'est servi de la carte de crédit officielle pour louer un SUV Mercedes à Manhattan juste après votre départ. Il y a un GPS. »

Elle se tut, tandis que Jerry s'interrogeait. Il avait foiré quelque part? Il aurait dû l'appeler pour qu'elle sache que Snowe louait une voiture? Il aimait travailler avec Terry (elle était canon et disait toujours clairement ce qu'elle attendait de lui, les seules choses qui l'intéressaient chez un patron), mais depuis que Denny s'était échappé il sentait que l'ambiance de leur petit bureau était plus tendue. Emmanuel était toujours en réunion avec des sénateurs et Terry avait pris l'habitude de dormir sur place. Leur implication le faisait douter de lui-même.

« Une Mercedes, répéta-t-elle pensive. Ça ne lui ressemble pas. C'est une voiture chère.

– Il y a autre chose. Il ne la conduit pas.

– Quoi ?

– Le GPS dans la Mercedes ne correspond pas à celui du portable de Snowe. Snowe a loué la voiture, il l'a laissée à Brooklyn, et il en a pris une autre dans le nord sur la I-95. »

Terry restait de nouveau silencieuse. Jerry entendait le ronronnement de sa voiture, la circulation devait être redevenue fluide et elle roulait à une vitesse normale. Son clignotant sur l'écran avançait plus vite et s'approchait d'un péage.

« Il essaie d'éviter d'être suivi », dit Terry. Elle était presque en colère à présent. « Il a dû découvrir quelque chose et il cherche à se débarrasser de nous, sauf qu'il ne sait pas que nous pouvons encore le localiser grâce à son téléphone. »

Jerry rechercha le site du télépéage EZ Pass sur un autre ordinateur et vit en temps réel Terry franchir le péage qui enregistra une somme de cinq dollars affichée en deux secondes. Il adorait ça. Personne ne comprenait pourquoi il était fasciné par ce genre de choses. Le monde entier interconnecté d'une façon que personne ne semblait vraiment comprendre.

« Et il roule très vite, ajouta Jerry en espérant être utile. Je l'ai repéré à cent quarante.

– Appelle-moi à l'instant où il s'arrêtera, d'accord ?

– D'accord.

– Tu as trouvé avec qui il parlait ?

– J'ai envoyé l'enregistrement aux gars du son. Ils ne nous l'ont pas encore rendu. »

Terry jura. Pas à cause du retard, mais parce qu'elle voyait un nouveau bouchon se former devant elle.

« Prenez la prochaine sortie, descendez sur trois cents mètres et vous pourrez contourner le bouchon », dit Jerry. Il entendit la voiture accélérer de nouveau quand elle aborda la sortie.

« Tu es un amour. »

Jerry eut un sourire satisfait, heureux qu'elle ne puisse pas le voir rougir. L'interconnexion. Génial.

Denny s'était endormi et ronflait la bouche entrouverte, un filet de bave dégoulinait sur son costume. Il avait le visage heureux d'un petit enfant. Même les tueurs de flic ont l'air innocent quand ils dorment.

Pour la première fois depuis qu'il était télépathe, Snowe se trouvait en présence de quelqu'un qui dormait, et il constata que l'esprit de Denny était au repos. Il regretta la paix et la tranquillité d'une vie normale où il n'entendait rien des pensées des autres. Quelques images du rêve de Denny flottèrent, une cour devant une maison, une voiture bleue déglinguée dans un paysage plat, mais elles étaient douces et muettes, rien de dur ni d'urgent, comme chez une personne éveillée. Ça lui plaisait. Il existait peut-être un moyen de travailler avec des dormeurs. Dans un centre de recherches sur le sommeil ? À la réflexion, il n'y avait pas beaucoup d'emplois où les collaborateurs dormaient. À moins de trouver un remède à son état, il finirait probablement isolé dans les bois en attendant de se faire dévorer par un ours. Et de l'entendre penser qu'il était goûteux.

La vie que vous connaissiez est terminée, lui avait dit Terry.

Denny remua. *Où est-ce que je suis*? Encore sonné, il se crut quelques secondes en route entre une prison et un tribunal. Puis les derniers jours lui revinrent en mémoire et Snowe vit des images dans sa tête. Angela. Un taxi. Un bar. Un type tabassé dans un ascenseur.

Denny le regardait conduire. « Tu es flic, dit-il comme s'il venait soudain de s'en rendre compte.

– Ouais. En tout cas je l'étais.

– Un flic reste toujours un flic. » Denny bâilla et regarda dehors. « Où est-ce qu'on est ?

– Dans le Connecticut. » Quelques gouttes frappèrent le pare-brise et Snowe actionna les essuie-glace.

Denny ouvrit distraitement le compartiment sous l'accoudoir et examina les CD qu'il contenait. Il fut déçu. « C'est tout du rap.

– À quoi tu t'attendais ? Beethoven ? »

Snowe avait loué la Mercedes à Manhattan, et à la suggestion de Denny ils étaient allés voir Darius à Rockaway. Il n'avait loué la voiture la plus chère que pour avoir une monnaie d'échange. Darius avait été plus que ravi de leur prêter sa Toyota Corolla de 1995 et d'avoir la Mercedes quelques jours. « Vous êtes des sacrés dingues de Blancs. » C'était mieux comme ça. Même s'il se retrouvait dans une vieille caisse qui sentait l'herbe et la mauvaise eau de Cologne, sans rien d'autre que du rap à écouter.

Denny rit en remettant les CD à leur place. Il s'appuya contre la portière. Snowe eut la sensation qu'il l'épiait, mais en dehors de cette idée il ne pensait à rien. Denny continuait à le regarder.

« Qu'est-ce qu'il y a ?

– C'est incroyable. » Il regarda dehors où la pluie devenait plus forte et tambourinait sur le toit de la Corolla. « Il y a une semaine, j'étais dans une cellule du couloir de la mort, et maintenant je suis dans une voiture avec un flic. »

Snowe rit. « Et moi dans une voiture avec un tueur de flic. »

Le visage de Denny se ferma. Snowe essaya de lire en lui, mais il ne capta que de la colère. Apparemment, sa remarque était maladroite.

« Va te faire foutre, dit Denny d'une voix douce plus menaçante que s'il criait. J'aurais pu te descendre. Je l'ai pas fait.

– Tu n'as pas tué de flic ? »

Il ne répondit pas. Snowe tira des images des souvenirs de Denny et vit le flic. Un homme d'une trentaine d'années, arrogant et agressif. Il lui rappela un garçon qu'il avait connu au lycée, qui essayait toujours de s'introduire dans le groupe le plus populaire. Sur les images de Denny, il était en civil, assis à côté de lui dans une voiture. Denny était sur le siège passager. Curieux, pensa Snowe. Il avait imaginé que Denny avait tué le flic lors d'un contrôle. C'était le moment que Snowe redoutait le plus, celui où il s'approchait d'un véhicule arrêté au bord de la route qui pouvait être celui de n'importe qui… une vieille dame, une infirmière fatiguée, un jeune homme qui venait d'attaquer une banque. On ne sait jamais. Il pouvait se prendre une balle du côté du conducteur avant même de réagir.

Denny l'observait, sachant que les images lui étaient pompées. « Tu es content ?

– Qu'est-ce qui s'est passé ?

– Je lui ai tiré dessus. »

Snowe vit l'expression de l'homme dans la voiture passer du mépris à la peur avant le coup de feu, puis son crâne éclater et sa cervelle éclabousser l'intérieur. Il vit l'homme tomber sur le volant et glisser sur le sol. Seigneur, pensa Snowe. Il n'avait encore jamais vu de meurtre en direct.

« Pourquoi ?

– Qu'est-ce que ça change ? » Denny regardait dehors. À travers la pluie et la grisaille il distinguait une baie avec une marina et des yachts. Tout était désert. Ils passèrent devant un panneau annonçant New Haven, Université de Yale, et Snowe ralentit en arrivant à un pont.

Snowe avait vu de nombreuses scènes de crimes, mais toujours bien après les faits. Elles étaient paisibles. Les victimes avaient souvent les yeux fermés, et sans la présence de sang elles auraient pu être endormies. Parfois une lampe renversée ou un sac de fast-food jeté dans la pièce évoquaient la violence, mais même alors le calme dominait. Il se rappela un endroit où il était arrivé le premier sur les lieux. Un homme avait reçu une balle dans la nuque pendant qu'il regardait la télé, et son chat était assis à l'autre bout du canapé, en train de lécher tranquillement le sang sur ses pattes. Un vieux feuilleton continuait de défiler et les rires enregistrés donnaient à la scène une absurdité sinistre.

Mais cette fois il assistait au crime lui-même. La vie et, la seconde suivante, la mort. Il fut frappé par la permanence de l'image. Il revoyait l'homme affalé sur le volant.

Denny dit enfin : « Laisse tomber.

– Laisse tomber quoi ?

– Je te regarde regarder mes foutus souvenirs. Arrête. Tu as tout vu, nom de Dieu.

– Pourquoi tu as fait ça ? Tu étais camé ou quoi ?

– Il l'avait cherché, ce salaud, c'est tout ce que j'ai à dire. Je ne me suis jamais repenti. J'ai pas dit un mot à sa famille. Je savais que de toute façon je serais condamné à mort. Je les emmerde, lui et sa famille. Je serais prêt à le refaire.

– Il l'avait cherché ? » dit Snowe, en colère à présent lui aussi. « Il était flic. Il ne faisait que son boulot.

– Un boulot de merde. Un flic de merde. »

Snowe ne répondit pas, mais il appuya sur l'accélérateur. Denny était tellement facile à vivre qu'on oubliait qu'il était psychopathe.

« Je ne suis pas psychopathe, bordel. Ce type était infiltré. Il allait m'arrêter... » Il s'interrompit pour contempler la pluie qui s'était mise à tomber à seaux.

« C'est ce que font les flics infiltrés. Ils arrêtent des gens. »

Denny respira à fond en regardant distraitement son haleine embuer la vitre. « Il m'a arrêté... » Il en était encore choqué. « Je reconnais que c'était un bon flic infiltré. Je ne me suis rendu compte de rien jusqu'à ce jour-là.

– Qu'est-ce qui s'est passé ? »

Denny regardait la marina disparaître. Il soupira. « Je travaillais dans un restaurant. J'étais cuisinier. Je sortais tout juste de l'armée et je ne savais pas quoi faire dans la vie... » Il fit une pause, sans doute parce qu'il ne parlait pas de son passé comme d'un tout depuis très longtemps. Quand on est dans le couloir de la mort on ne pense pas à sa vie, rien qu'au jour présent. Il revint à son sujet. « Alors j'avais trouvé ce boulot, je grillais des hamburgers. »

Snowe reçut des images du restaurant. Commandes accrochées à un moulinet, une grande cuisine pagailleuse et bruyante. « Sympa, cet endroit.

– Un beau jour, un autre cuisinier me demande si j'ai envie de gagner plus d'argent. Je dis que oui, bien sûr. Tout ce que j'ai à faire c'est aller en voiture avec lui à Tulsa. Je lui demande de quoi il s'agit et lui, très vague, il ne me dit rien. Mais en arrivant là-bas on rencontre des Mexicains à l'aéroport et on charge dans les vingt-cinq kilos de coke dans le coffre de la voiture. »

Denny laissa à Snowe le temps d'examiner des images. Les Mexicains à l'aéroport, la voiture (une vieille Chrysler à la peinture bleue écaillée), les sacs de cocaïne entrant dans le coffre. « Je gagnais cinq cents dollars rien que pour tenir compagnie au gars. Du coup j'en parle à des copains du restaurant et on s'y met tous. Il y a des tonnes de fric à se faire. Et puis le premier qui m'en a parlé vient me proposer de passer à la vente. Je dis oui, et comment ! Les copains et moi on commence à vendre, les Mexicains à l'aéroport de Tulsa nous fournissent, et tout roule super bien. J'ai acheté une nouvelle voiture, je me suis trouvé une copine, je faisais des projets pour aller à l'université. Je voulais faire du droit. » Il se mit à rire et Snowe perçut un amusement sincère, aucune amertume. « Je voulais aller à l'université et voir si je pouvais entrer en fac de droit », répéta-t-il en s'attendant visiblement à ce que Snowe rie aussi.

Snowe ne saisit pas la perche.

« Et ensuite ?

– Un jour, on vendait depuis six mois à peu près, mes gars se font piquer en revenant de l'aéroport. Ils ont vingt kilos avec eux, assez pour prendre cinquante ans de taule... Mais voilà... J'avais demandé à un autre copain de les suivre en voiture. Je ne l'avais dit à personne. Je ne sais pas pourquoi j'avais fait ça. Je sentais que quelque chose clochait. Mon vieux, j'aurais aimé être télépathe en ce temps-là. Je ne me serais jamais laissé avoir comme ça. Mais je sentais les choses. Je me méfiais, et j'ai demandé à ce gars de suivre la voiture qui rapportait la drogue de l'aéroport. Et il m'appelle sur son portable pour m'annoncer qu'elle a dû s'arrêter sur l'autoroute, qu'il y a un groupe d'intervention du SWAT qui oblige tout le monde à se coucher par terre. Ils savaient très bien ce qu'il y avait dans la voiture. Ça n'était pas un coup de chance. »

Denny se tut un instant.

« J'aurais dû être dans la voiture. J'étais le chef. Mais j'avais pris la journée pour sortir avec ma copine. Et ils ont pensé que je n'étais pas au courant de l'arrestation, mais je l'étais. Alors le type qui m'avait embarqué dans tout ça m'appelle. Il me dit que la voiture avec la drogue est bien arrivée et qu'on devrait se retrouver devant chez moi. Je sais que c'est une ordure mais je fais comme si tout baignait. Je me dis que c'est lui qui nous a fourrés là-dedans, il nous a dénoncés mes copains et moi. Je vais le voir, l'air naturel, je monte dans la voiture avec lui, et avant même qu'il ouvre la bouche je le descends. Là, dans la voiture. »

Denny secoua la tête à ce souvenir et Snowe le revit une fois encore. Le sang et la cervelle giclant sur les vitres, le corps qui s'affaisse sur le volant et glisse sur le sol.

« Putain, quel merdier, dit Snowe.

– Jamais je n'aurais pensé qu'il était flic. Rien qu'un mouchard. À la minute ou je l'ai tué, il est arrivé des voitures de police de partout, le SWAT, des uniformes, des enquêteurs, la police de l'État, celle de la ville, peut-être même le FBI. Sans déconner, il devait bien y avoir une centaine de flics dans ma rue pour me traîner, me frapper et me mettre les menottes. Si mes foutus voisins n'avaient pas tout filmé avec leur portable je serais mort. Enfin, ils m'ont seulement un peu fait chier. » Denny rit.

Comme Snowe se taisait il poursuivit. « Dans la salle d'interrogatoire ils m'ont dit que le type était flic. C'était un policier infiltré qui travaillait pour les stups. Ils étaient tous flics. Les Mexicains de l'aéroport, c'étaient tous des flics. C'était un coup monté. Ils nous ont fait vendre de la drogue qu'ils nous fournissaient, et ils nous ont arrêtés pour ça. Les journaux ont dit qu'ils avaient démantelé un réseau. C'est vrai. Mais c'était leur réseau à eux. Ils l'ont monté. Ils l'ont arrêté. Et j'ai été condamné à mort, tous mes copains ont pris entre trente et quarante ans. Je m'en veux beaucoup. Parce que j'avais tué cet enfoiré, le juge était furieux et il a envoyé tous mes amis croupir en prison. Il les a baisés. L'un d'eux, Jimmy Blake, avait dans les dix-neuf ans, et il ne faisait rien d'autre que venir avec nous. On l'emmenait parce qu'il était marrant, il racontait des blagues. Il a pris trente ans. »

Snowe portait toute son attention sur le ralentissement de la circulation et la pluie battante pour éviter que les images claires et précises de l'interrogatoire, des policiers en train de frapper Denny et de « le faire un peu chier » l'empêchent de surveiller la route. Il savait que c'était plus qu'un peu. Il vit Jimmy Blake, un jeune qui travaillait au restaurant. Denny et lui riaient. Puis il vit les murs d'une cellule dans le couloir de la mort.

« Tu sais quelle a été la blague finale ? lui demanda Denny. Tu connais la meilleure, officier Snowe ?

– Qu'est-ce que c'est ?

– Ils ont donné son nom à la bibliothèque. Je te jure. La bibliothèque de ma ville s'appelle bibliothèque Taylor Price. Un policier mort en service. Il a eu droit à une plaque et tout. » Denny gloussa, mais cette fois il y avait de l'amertume. « Cette ordure a débarqué chez nous, il a détruit la vie d'une demi-douzaine de personnes, et on a donné son nom à cette putain de bibliothèque.

– Ouais, ça se fait. » En qualité de policier il avait toujours trouvé ça réconfortant. Il aimait bien l'idée qu'on se souvienne un peu de lui, surtout s'il était tué pendant une interpellation ou s'il mourait en sauvant des gens d'un incendie. Une plaque à la mémoire de Jared Snowe sur l'autoroute. La salle de sport Jared Snowe. Il y avait beaucoup pensé pendant les longues nuits froides passées aux aguets en attendant qu'une voiture passe comme un éclair. Quelques dizaines d'années avant qu'il entre dans la police de Kearns, un policier avait été tué alors qu'il enquêtait sur un cambriolage, et on avait donné son nom à un pont. Le sergent Townes utilisait souvent l'expression pour rappeler à tous de porter leur gilet pare-balles. « Enfilez ça pour qu'on ne donne pas votre nom à un pont. »

« Une bibliothèque, répéta Denny en riant toujours. Dis-moi. Dis-moi si c'est pas de la pure connerie. Là, c'est de la connerie sertie de diamants. Putain, une bibliothèque ! »

Snowe ne discuta pas. Il savait que Denny lisait ses pensées, mais il n'y avait là rien d'intéressant pour lui. Frontière de Rhode Island dix kilomètres.

12

Terry s'arrêta devant le magasin de la 47e où, d'après le GPS, Snowe était resté quatre minutes exactement. Elle se gara et afficha son autorisation de stationnement de véhicule officiel derrière la lunette arrière. Elle informa Jerry. «Je vérifie le dernier prêteur sur gages.

– OK.» Il ne savait jamais ce qu'il était censé dire dans ces cas-là. Dans les jeux vidéo qu'il pratiquait on employait des formules consacrées, mais Terry penserait qu'il essayait de paraître branché. Ou qu'il jouait trop aux jeux vidéo. D'ailleurs, personne ne lui avait jamais fait part d'un protocole à suivre. À ses débuts il avait appelé Emmanuel «monsieur» jusqu'à ce que celui-ci lui dise d'arrêter.

Terry entra dans le magasin. Essentiellement des bijoux, une moquette propre, un endroit bien tenu. Une odeur de produits d'entretien, mais de bonne qualité, pas celle de détergents industriels des magasins de dernier ordre. Un Arabe en costume Armani sortit de derrière un rideau pour l'accueillir. Terry remarqua aussitôt sa Rolex. L'homme affichait trop d'aisance financière pour être un vendeur, il avait probablement une activité illégale quelconque à côté.

«Je m'appelle Ali. En quoi puis-je vous aider, madame?»

Terry le trouva très professionnel. Avec en plus un accent british distingué. Mais un je-ne-sais-quoi clochait. Snowe avait vu quelque chose ici. Encore une fois, Terry aurait voulu être télépathe. Les premières semaines où l'on peut lire les pensées des gens doivent être un flash extraordinaire. Et on n'a pas à se coltiner leurs conneries quand on les interroge.

Elle posa son badge sur le comptoir. « Je suis du FBI, dit-elle d'un ton enjoué. Nous vous avons envoyé un agent aujourd'hui.

– Oui, je me souviens de lui. »

En imitant sa raideur professionnelle elle demanda : « Et que s'est-il passé ? »

Terrain glissant. Quelqu'un qui répond à un représentant du FBI suppose à juste titre que les agents se parlent entre eux et pourrait trouver curieux de devoir répondre aux mêmes questions plus tard dans la journée. Il y avait deux façons d'aborder la chose. Prétendre qu'il y avait eu une négligence bureaucratique et une mauvaise communication, ou bien accuser le premier d'être un imposteur. Elle avait attendu d'évaluer la situation avant de décider de la marche à suivre, et le personnage louche qu'elle avait devant elle lui donnait la réponse.

« L'agent qui est venu était en fait un imposteur. Il est recherché pour usurpation d'identité. Nous le surveillons depuis un certain temps, et je souhaiterais savoir ce qu'il cherchait quand il est venu vous voir. »

Ali sourit malgré lui. Depuis que le type du FBI était passé au début de l'après-midi il avait des sueurs froides. Il n'aimait pas que des fédéraux se pointent sur son lieu de travail, d'abord parce que tout Arabe avait de bonnes raisons de craindre d'être accusé de sympathies terroristes et de se faire enlever. Et surtout parce qu'il dirigeait l'un des réseaux de trafic d'héroïne les plus rentables de New York. Pour la deuxième fois dans la journée, ou apparemment la première, le FBI lui posait des questions, et c'était en rapport avec Angela. Il se rappelait seulement l'avoir engagée un an plus tôt parce qu'elle était jolie, l'avoir mise enceinte, et ensuite, après avoir payé pour son avortement, avoir réussi non sans mal à se débarrasser d'elle en lui trouvant un travail mieux payé dans un bar. Elle avait l'air d'avoir des ennuis à présent, et il n'avait aucune envie d'y être mêlé.

« Il avait quelque chose de bizarre, dit Ali. Je l'ai trouvé mal habillé pour un agent du FBI.

– Que cherchait-il ?

– Des renseignements sur une jeune femme qui a travaillé ici, Angela Cataldi. Il y a quelques jours elle a voulu mettre en gage des stylos de luxe. Elle est serveuse au Corgi's, un bar qui n'est pas loin d'ici. J'ai son adresse personnelle dans mon bureau, si vous désirez, dit-il avec un sourire empressé.

– Non, je vous remercie, cela devrait suffire. » Cataldi. C'était l'un des noms trouvés par Jerry dans l'immeuble où Snowe avait passé une heure. Elle lui rendit son sourire en se disant : Cette crapule prépare quelque chose, et lui fit un salut amical. Si seulement elle était télépathe, elle saurait quoi.

L'écran géant était divisé en huit rectangles, chacun montrant une vue aérienne d'une scène différente d'un pays du tiers-monde. Une légende au-dessous de chaque écran indiquait les coordonnées GPS des lieux que Jerry regardait. Depuis un an il passait tellement de temps là-dessus que les coordonnées lui suffisaient pour qu'il sache de quel pays il s'agissait. Il trouvait apaisant de regarder des femmes pakistanaises étendre leur linge. Elles étaient, semblait-il, nombreuses à le faire le mercredi. C'était peut-être une habitude musulmane.

Il entendit une carte glisser dans la serrure de la porte derrière lui et Emmanuel entra, le pardessus et la mallette mouillés. Jerry en conclut qu'il devait pleuvoir dehors. Quand on travaille dans un bâtiment sans fenêtres on perd tout contact avec le temps qu'il fait. Et Jerry s'en fichait. Il n'aimait pas particulièrement le grand air.

Emmanuel était l'homme à l'aspect le plus normal en apparence que Jerry ait jamais connu, le genre de type qui n'attirerait pas votre attention si vous le rencontriez dans le métro. Jerry considérait que si une agence de casting avait recherché quelqu'un d'insignifiant, Emmanuel aurait décroché le rôle. Mais Emmanuel avait sans cesse affaire au chef de cabinet du Président ou à un sénateur à la tête d'un comité quelconque, ce qui faisait de lui un grand patron, parce qu'il était à la fois très puissant et toujours loin du bureau. En plus, Jerry le trouvait génial.

Emmanuel lui dit bonjour, alla déposer sa mallette dans son bureau et revint près de Jerry qui regardait l'écran. « Qu'est-ce que c'est ?

– Des informations de drones », répondit Jerry, puis il se dit qu'il ne devrait peut-être pas faire ça devant son patron, c'était techniquement illégal.

Il avait piraté ces informations quelques années plus tôt, par erreur, et il était devenu accro. C'était mieux que la vraie télé. Pourquoi regarder des conneries de téléréalité quand on peut voir la réalité sans retouche offerte par l'US Air Force ?

Emmanuel resta quelques instants cloué sur place, et Jerry ressentit la fraternité d'un intérêt partagé. Ces images fascinaient étrangement certaines personnes. C'était très impressionnant de voir le quotidien d'habitants à l'autre bout de la terre en sachant qu'on ne les rencontrerait jamais. Du voyeurisme, sans aucun doute, mais aussi de… l'interconnectivité. Il se découvrit de l'empathie pour eux. Un jour, il avait regardé de bout en bout un match de foot au Yémen et pris parti pour l'équipe à gauche sur l'écran. À l'évidence, les pilotes du drone, quelque part à l'Ouest, le regardaient aussi, car chaque fois que le ballon sortait des limites la caméra le suivait.

« Qu'est-ce qu'ils font ? demanda Emmanuel en indiquant une file d'hommes marchant le long d'une rivière.

– Ce sont des pêcheurs. » Jerry craignit que la rapidité de sa réponse ne soit révélatrice du temps qu'il passait sur ces informations. Mais comme Emmanuel ne s'en souciait pas il ajouta : « Ils ont un bateau à quai plus loin en amont. »

Emmanuel semblait plongé dans ses réflexions devant ces étrangers qui se rendaient à leur travail. « Tu as déjà vu un missile atteindre une cible ?

– Non, je ne reçois que des drones de surveillance. Les drones de combat relèvent d'un protocole de sécurité différent. Mais j'ai vu des villes juste après des tirs de missiles. C'est dément. » Jerry sentit soudain qu'il devait travailler pour de bon et il abandonna l'écran pour retourner à son ordinateur. « Je ne suis pas sûr d'avoir le droit d'accès à ça, dit-il en essayant de prendre un air sérieux. Je ne devrais peut-être pas regarder.

– Si tu travailles ici, tu as toutes les autorisations », dit Emmanuel en riant. Puis il décida de se remettre au travail lui aussi. En retournant dans son bureau il demanda : « Tu as des nouvelles de Terry ?

– Elle a appelé il y a deux heures. Elle vient d'arriver à New York. » Jerry ouvrit une autre application et la localisation de Terry clignota en rouge sur un plan de Manhattan. Au même instant son téléphone fixe sonna et il mit son casque en disant : « Quand on parle du loup...

– Vois ce que tu peux trouver sur cette fille, Angela Cataldi, dit Terry dans le micro en roulant au pas vers l'appartement d'Angela sur la 49e. Elle habite dans l'immeuble où Snowe a passé une heure. Je veux savoir ce qui la relie à lui.

– Message reçu », fit Jerry en singeant les pilotes de drones.

Terry envisagea de se garer juste devant la résidence d'Angela, mais elle décida de l'éviter pour ne pas devoir mettre son autorisation de stationnement en évidence. Elle ne savait pas à quoi s'attendre et pensa qu'elle avait probablement intérêt à faire profil bas. D'ailleurs, il y avait un parking ouvert vingt-quatre heures sur vingt-quatre un peu plus loin. Elle y déposa sa voiture et fit les quelques pas qui la séparaient de l'immeuble.

Nettement mieux que ce qu'une employée pouvait se permettre, et en attendant que quelqu'un sorte elle appela Jerry pour lui demander le montant du loyer. En trente secondes il répondit: « Dans les trois mille par mois.

– Ça alors ! » Le double de ce qu'elle payait pour son studio merdique de Georgetown. C'était une rue agréable de Manhattan, bordée d'arbres, un bar portant le nom d'un gangster local juste au coin, et une boutique de luxe à côté. « Comment une serveuse de bar peut s'offrir ça ?

– C'est papa qui paie. Il semblerait qu'il ait des relations dans le milieu. » Avant qu'elle puisse demander des détails, la porte s'ouvrit pour laisser passer une jeune femme en tenue de jogging. Terry se précipita pour empêcher la porte de se refermer. La jeune femme ne se retourna même pas. Terry savait que c'était tout le charme des systèmes de sécurité. Aucune règle ne s'est jamais appliquée aux femmes bien habillées.

Elle mit son oreillette et demanda : « Quel appartement ?

– L, comme Lima. » Terry l'entendit pianoter comme un fou. « Oui, il se passe décidément quelque chose dans l'appartement L.

– Pourquoi dis-tu ça ? demanda Terry en montant l'escalier.

– L'adresse IP attribuée à cet appartement, il y a eu une recherche sur la télépathie. À 13h32. Quand Snowe y était.

– Bien. Merci mon grand. » Elle enleva son oreillette et vérifia le calibre 25 dans son holster. Elle renonça à le dégainer. Si la fille était seule chez elle, elle pourrait piquer une crise en ouvrant la porte et en voyant Terry armée. Elle entra dans le couloir du deuxième étage et frappa à l'appartement L.

Pas de réponse. Merde. Terry examina la serrure. Une cinq points classique. Fait chier. Beaucoup de ces appartements avaient désormais les mêmes serrures modernes à carte que les hôtels, et Jerry aurait pu lui régler ça en trois secondes. Elle se mordit la lèvre. Défoncer la porte ? Pas très femme du monde. Elle prit doucement la poignée et la tourna. La porte s'ouvrit et Terry s'entendit dire « merde alors ». Elle entra. Normalement, une femme qui vit seule n'oublierait pas de fermer la porte. Bizarre, bizarre.

L'appartement était sombre, Terry dégaina et regarda autour d'elle. Il flottait une odeur de café brûlé. Quelqu'un avait abandonné une cafetière sans l'éteindre. Dans la chambre, le lit king-size n'était pas fait. Les deux oreillers avaient servi. Angela avait peut-être un compagnon. La chambre était petite et dégageait une vague odeur d'intimité. Mais elle pouvait dater de plusieurs semaines. Allez savoir à quelle fréquence les gens changent leurs draps. Terry jeta un œil dans la salle de bains. Beaucoup de détails féminins. Cosmétiques. Tampons périodiques. Rouge à lèvres. Une serviette encore humide accrochée à la porte.

Le siège des toilettes relevé.

Intéressant, pensa Terry. Forcément un monsieur. Snowe peut-être ? D'où connaissait-il cette fille ? Était-il venu coucher avec elle et reparti au bout d'une heure vingt? Elle n'aurait pas cru que c'était son genre. Et la personne avec qui il était allé manger une pizza était un homme, Terry en était sûre d'après ce qu'elle avait entendu par le micro.

Qu'est-ce qui se passait dans cet endroit?

Elle alla dans le living et vit l'ordinateur près de la fenêtre, celui qui avait servi à une recherche sur la télépathie. Le living était plus petit qu'elle ne l'avait imaginé pour trois mille dollars par mois, mais peut-être pas mal pour New York. La fille avait dû payer elle-même pour les meubles. L'appartement était de grand standing, mais l'ameublement, résolument Ikéa.

Dans la cuisine, deux tasses à café à côté de l'évier. Elle ôta le couvercle de la poubelle en plastique et trouva du verre brisé et la photo de deux personnes d'âge mûr dans un cadre fracassé. Elle le retira en évitant les morceaux de verre et le marc de café. L'homme avait une tête de gangster. Certains ont le genre de visage qui leur donne toujours cet air-là en photo. La femme semblait gentille et insignifiante.

Quelqu'un avait cassé un cadre de photo et balayé ensuite. Qu'est-ce que ça signifiait? Un geste de violence? Ou simplement une maladresse? Terry se rinça les mains et retourna dans l'entrée où elle remarqua un carré sans poussière sur une console. La photo s'était trouvée là. Elle chercha des traces de lutte et aperçut une marque dans le mur là où le bouton de la porte avait cogné. Quelqu'un avait ouvert violemment. La marque sur le mur était fraîche. Peut-être du jour-même.

Donc Snowe avait passé là une heure et vingt minutes, avait probablement cassé le cadre et utilisé l'ordinateur. Il y avait probablement aussi un autre homme. Denny? Snowe aurait pu le retrouver aussi vite ? Et si c'était Denny, pourquoi les murs n'étaient pas éclaboussés de sang, et pourquoi son corps criblé de balles ne gisait pas au milieu du living? Et pourquoi Snowe ne l'avait pas appelée pour le lui annoncer, avec le joli téléphone qu'elle lui avait donné ?

Terry n'était pas une émotive, mais un frisson glacé la parcourut. Si Snowe avait trouvé Denny dans cet appartement et s'ils étaient partis ensemble, elle risquait d'être dans un sacré pétrin.

« Merde », dit-elle à haute voix. Puis elle se calma. Ç'aurait pu être n'importe qui.

Impossible que ce petit flic à la con dont l'expérience se limitait à dresser des PV pour excès de vitesse depuis cinq ans ait pu retrouver en une demijournée cet imbécile de trafiquant de drogue tueur de flic dont la solution à tous les problèmes consistait à frapper ou à tuer. Cette Angela avait peut-être une colocataire qui était une ex de Snowe, et il était seulement passé la sauter en vitesse. Il pouvait s'être arrêté au Corgi's et s'être servi de son talent pour convaincre Angela de lui passer les clés de chez elle. Et il avait poussé la porte trop brutalement. Quelqu'un entrait peut-être dans l'appartement en ce moment, à la seconde même, une pizza sur les bras, et la regardait en se demandant ce qu'une femme en colère faisait dans son living un calibre 25 à la main.

Angela lâcha la pizza et hurla : « BROOKS ! »

Terry soupira. Brooks. Eh merde !

13

« Il n'est pas là », dit aimablement Terry en rengainant son arme. Elle fit signe à Angela de s'asseoir sur le canapé.

« Qui êtes-vous ? » demanda fermement Angela. Elle était combative. Terry avait horreur des gens combatifs, surtout des jeunes femmes. Elle se retint de cravater Angela et la traîner jusqu'au canapé, se mordit la lèvre et opta pour une autre tactique.

« Je m'appelle Terry Dyer. » Elle montra son badge. « Asseyez-vous, mon chou. Nous avons des choses à nous dire.

– Vous n'avez pas besoin de mandat ? » Angela reculait vers la porte. Terry braqua son arme sur elle. La cravate semblait une meilleure solution et elle se mordit la lèvre jusqu'à avoir mal. Toutes les filles de truand à deux sous et les candidats mafieux de Long Island regardaient trois épisodes des *Sopranos* et se prenaient pour des experts en droit constitutionnel. Un mandat. Mon chou, tu as une idée de ce que je peux te faire sans même prendre la peine d'en demander un ? Je peux te faire enfermer pour un mois et charger quarante agents de fouiller chaque recoin de ton appartement, arracher les lattes de parquet, prendre ton ordinateur et ton argent, te faire relâcher, tout ça sans un mot d'excuses. Il faut lire la revue mensuelle de droit, parce que les temps ont beaucoup changé, mon petit.

Elle se contenta de répéter : « Asseyez-vous. » Elle afficha une photo de Snowe sur son portable et le tendit à Angela. « Vous connaissez cet homme ? »

Angela regarda. C'était la photo que Terry avait utilisée pour lui obtenir sa carte du FBI. Elle s'assura qu'Angela tenait son téléphone. Tenir un objet appartenant à quelqu'un d'autre établit la confiance, un petit truc de psychologie qu'elle n'avait appris dans aucune école de formation mais avec les trafiquants de billets de spectacles et autres délinquants divers qu'elle avait rencontrés dans sa carrière. Certains apprennent des héros et des savants. Terry avait appris d'en bas. C'est pourquoi Emmanuel et tous les autres haut placés disaient toujours que c'était inné chez elle. C'était en tout cas une des raisons.

« Il est venu au bar cet après-midi. Il n'est pas de chez vous ? » Sa voix était hésitante et Terry comprit qu'elle avait la situation en main. Angela devenait plus vulnérable et effrayée, comme une petite fille. « Il n'est pas agent du FBI ?

– Non. Asseyez-vous. » Le mandat apparemment oublié, Angela alla s'asseoir sur son canapé. Terry s'assit à côté d'elle. Elle lui montra la photo de Denny. « Vous connaissez cet homme ? »

Angela se demandait encore pourquoi Snowe lui avait dit être agent du FBI s'il n'en était pas un, et elle s'apprêtait à poser encore une question, quand elle vit la photo de Denny. Terry surveillait attentivement son visage. Angela détourna très vite les yeux puis revint à l'écran. Elle s'y attarda un dixième de seconde de plus que nécessaire, comme si elle l'étudiait, mais en réalité elle essayait de peser le pour et le contre d'un mensonge. Terry le savait. Après tout, elle avait crié « Brooks ». Angela secoua la tête et évita le regard de Terry pour répondre. « Non, je ne l'ai jamais vu. »

Terry lui posa la main sur l'épaule, pour sentir sa tension, la rassurer. « Tout va bien. » Elle fit défiler quelques photos et lui en montra une autre, un jeune agent de police en uniforme, avec le sourire idéaliste de tous les jeunes débutants le jour de la remise de diplôme. « Et lui ? Vous le connaissez ? »

Angela regarda le jeune flic et fit signe que non. Elle tendit le portable à Terry qui le repoussa doucement. « Regardez-le bien. Il s'appelait Taylor Price. Dans les forces de police de l'Oklahoma. C'est lui que Brooks Denny a abattu. »

Angela respira nerveusement et Terry sut qu'elle avait gagné. Elle la voyait se défaire.

« Il avait des jumeaux d'un an. Ils grandissent maintenant sans père. » Terry ignorait complètement si Taylor Trucmuche avait des enfants et elle s'en foutait, mais elle avait imaginé comment faire parler Angela et elle fonçait. Taylor serait ce qu'elle avait besoin qu'il soit pour que cette petite emmerdeuse arrête ses conneries. « Vous pouvez vérifier sur l'ordinateur là-bas si vous ne me croyez pas. Une bibliothèque porte son nom. Et cet homme... » Elle afficha de nouveau la photo de Denny et força Angela à la regarder. « ...l'a tué. Alors je vous le demande encore une fois, vous connaissez cet homme ? »

Les larmes coulaient à présent sans retenue sur les joues d'Angela et elle s'aperçut que si elle continuait à mentir son corps ne l'aiderait pas. Mentir demande de la préparation et de l'entraînement, et Angela était quelqu'un de foncièrement honnête qui s'était laissé prendre par surprise. « Je... Je... sanglota-t-elle. Il... *(reniflement)* m'avait dit... *(sanglot)* qu'il s'était bagarré... *(hoquet)* et qu'il lui fallait... *(reniflement, sanglot, hoquet)* un endroit où dormir. » Angela braillait carrément maintenant. « Je... Je ne savais pas. »

Terry la regardait faire. Franchement, comment pouvait-on être aussi conne ? Laisser un type habiter chez soi sans même prendre des renseignements sur Internet ? Elle toucha doucement l'épaule d'Angela.

« Cet animal est recherché dans tout le pays », dit-elle. Elle pensa en rajouter en lui parlant du type de la police militaire auquel Denny avait enfoncé un stylo dans l'oreille, mais elle se ravisa. Les histoires les plus fortes sont les plus simples. Elle dit seulement : « Nous pensons que l'autre homme, celui qui se fait passer pour un agent du FBI, pourrait l'aider. Vous savez où ils sont allés ? »

Angela continuait de hoqueter en laissant la morve couler de son nez. Terry alla lui chercher une serviette en papier dans la cuisine. Angela la prit avec gratitude et s'essuya. « Je suis... désolée. Je suis... *(reniflement, hoquet)* vraiment désolée. Je ne savais rien. Je ne sais pas où il est allé. »

Terry la croyait, et en la voyant dans cet état elle avait envie de lui dire : Ressaisis-toi, nom de Dieu. Mais elle s'efforça de se montrer maternelle. « D'accord, mon chou. » Elle se rassit et lui mit la main sur l'épaule. « Il s'est servi de vous. Il est comme ça. C'est un manipulateur et un meurtrier, et il n'aime que lui. Nous n'allons pas engager de poursuites contre vous parce que je sais que vous pensiez qu'il avait besoin de votre aide. »

Angela la remercia en reniflant, une énorme larme roula sur sa joue et atterrit sur le manteau de Terry.

« Il est parti maintenant. Il vous a pris tout ce dont il avait besoin et je doute qu'il vous appelle ou qu'il revienne, mais s'il le fait… » Terry laissa sa carte sur la table basse. « Si vous avez de ses nouvelles, appelez-moi. Immédiatement. D'accord ? »

Angela acquiesça. Son visage défait, bouffi et rouge, sans beauté aucune et barbouillé de mascara faisait peur. Terry remarqua soudain deux stylos sur la table, l'un en or, l'autre en argent.

« C'est Denny qui vous les a donnés ? »

Devant le hochement de tête affirmatif d'Angela elle les mit dans la poche de son manteau. « Je veillerai à ce qu'ils soient rendus à leur légitime propriétaire. » Terry enjamba la pizza restée par terre. « Soyez prudente, mon petit. Il ne faut pas être aussi confiante. Ce monde est dangereux. »

Angela se remit à sangloter et Terry partit en fermant la porte derrière elle. Quelle conne, pensa-t-elle.

En se dirigeant vers l'escalier elle appela Emmanuel.

« Manny ? C'est moi. On est dans une merde noire. »

14

Il était quatre heures de l'après-midi à Genève, et le docteur Michael Alexander avait apparemment donné des instructions au personnel de l'hôtel pour que personne ne le dérange. Il venait d'arriver d'une conférence en Australie et souhaitait prendre un repos bien mérité avant de prononcer un discours pendant un dîner le soir même. Emmanuel dit au standardiste qu'il appelait de « la haute administration du gouvernement américain », tout en hésitant sur le nom de l'agence dont il pouvait se réclamer pour avoir le plus de poids. Aurait-il dû dire FBI ? Tout le monde connaissait le FBI.

Le standardiste avait jugé « la haute administration » trop vague. Il n'était pas impressionné. Emmanuel commençait à comprendre que ces hôtels cinq étoiles ne plaisantaient pas. Le Saint-Martin-Nord Genève n'allait pas permettre à un cinglé, quelle que soit sa prétendue importance internationale, de troubler le sommeil paisible d'un de ses précieux hôtes.

« Je regrette, monsieur, répétait-il en se forçant à l'évidence à rester respectueux, mais le docteur a demandé expressément à ne pas être dérangé avant ce soir sept heures. »

Finalement, en se massant les tempes tant il était stressé, Emmanuel dit : « J'appelle de la Maison Blanche. » Tu as entendu parler de la Maison Blanche, espèce de tas de merde suisse ? C'est là qu'habite le chef du monde libre, bordel, pensa Emmanuel, et à sa grande surprise l'employé eut le souffle coupé.

L'histoire n'était pas tout à fait invraisemblable, puisque le docteur Alexander était un membre éminent de l'Association médicale américaine, un des plus grands neurologues du monde, et l'un des intervenants prévus au Symposium de neurosciences de l'OMS à Genève. L'employé s'obstinait malgré tout. « Je regrette, monsieur, mais le docteur a expressément... » Et cette fois, sa voix avait le ton redoutable du refus définitif, qu'Emmanuel avait appris à reconnaître à cause des disputes avec son ex-femme ; il était le plus souvent suivi d'un clic et de la tonalité.

Emmanuel fut pris de panique. « Je vais vous passer Barack Obama. »

Il attendit de voir si ça produisait l'effet escompté. L'employé n'avait pas raccroché, c'était bon signe.

« Si j'obtiens le président des États-Unis, vous réveillerez le docteur Alexander ? »

Le ton de l'employé sembla légèrement différent. « Je... euh... Très bien, finit-il par dire. Oui », ajouta-t-il avec davantage d'assurance, comme s'il admettait enfin que ce serait formidable de pouvoir parler avec le président des États-Unis. « Oui monsieur. Si vous me passez le président Obama je réveillerai le docteur Alexander.

– Parfait. Ça prendra quelques minutes parce que je vais devoir déranger le président. » Emmanuel fit une pause en espérant que l'autre s'apercevrait de l'imbécillité de déranger le chef du monde libre à cause d'un règlement hôtelier, mais l'employé l'assura qu'il attendrait.

Emmanuel ouvrit la porte du bureau où Jerry contemplait toujours les images des drones. « Jerry, tu peux imiter Obama ? »

Jerry se retourna souriant en pensant que la question n'était que le début d'une blague. « Pas vraiment. Il est difficile à imiter, il n'a pas de style réellement particulier. » Jerry remarqua qu'Emmanuel était bien plus tendu qu'il ne le pensait et que sa question n'avait rien d'une plaisanterie. Il voulut l'aider. « Je peux imiter Clinton : *Je n'ai pas eu de rapport sexuel avec cette femme.* Et Kennedy. » Il le fit aussitôt, « *Ne vous demandez pas ce que votre pays peut faire pour vous...* », en même temps qu'Emmanuel poussait un soupir excédé et que sa porte claquait.

Emmanuel reprit l'écouteur, l'employé attendait patiemment. « Que ce soit bien clair, dit-il. Vous *réveillerez* le docteur pour le président Obama.

– Oui monsieur.

– Mais vous ne le ferez pas pour moi. »

L'employé réfléchit, il sentait un changement d'atmosphère. « Non monsieur.

– Il ne s'agit donc pas de respecter la tranquillité de vos clients, mais de ne pas les déranger pour des personnes qui ne sont pas célèbres. » En entendant l'autre raccrocher il hurla : « Nom de Dieu ! »

Dans la pièce voisine, Jerry s'alarma de ces démonstrations d'émotion qui ne ressemblaient pas du tout à un patron d'ordinaire réservé et de bonne humeur. Il frappa à sa porte.

« Quoi ? aboya Emmanuel.

– Tout va bien ? »

Encore rouge de colère, Emmanuel lui expliqua la situation.

« Ah, c'est pour ça que vous vouliez que j'imite Obama ? Il n'y a aucun problème.

– Comment, pas de problème ?

– Ces grands hôtels, spécialement les cinq étoiles européens, ont tout sur ordinateur. L'électricité, l'évacuation des eaux usées, et même les ascenseurs. Leurs systèmes de communication, leurs télévisions, leurs téléphones ne sont que des nœuds sur un réseau. Et leur système de sécurité est toujours nul.

– Qu'est-ce que tu proposes ? » Emmanuel se massa de nouveau les tempes.

« Donnez-moi le nom de l'hôtel. »

Il le lui dit, et Jerry retourna à sa table. Emmanuel regardait dans le vide depuis cinq minutes en écoutant le bruit des doigts sur le clavier, quand Jerry apparut à la porte.

« J'ai une bonne et une mauvaise nouvelle. La bonne, c'est que leur sécurité ne vaut rien. Le docteur Alexander occupe la chambre 415. La mauvaise, c'est que son téléphone est débranché au niveau de la réception par une intervention humaine. Je ne peux strictement rien y faire. Mais j'ai une autre bonne nouvelle.

– Dis-moi. » Épuisé, Emmanuel se renversa dans son fauteuil. « Quoi ?

– Je peux allumer sa télé. À condition qu'il ne l'ait pas débranchée. Mais qui irait débrancher la télé dans une chambre d'hôtel? Si elle est connectée et en veille, nous pouvons pirater l'alimentation. Comme j'ai dit, ça n'est qu'un nœud dans un réseau. Vous pouvez lui parler depuis mon ordinateur, avec la webcam. Malheureusement la télé de sa chambre n'a pas de caméra pour qu'il puisse vous répondre, mais vous pouvez le réveiller et lui demander de vous téléphoner. »

Emmanuel s'installa devant l'ordinateur de Jerry. « Bon, qu'est-ce que je dois faire ? »

Jerry effectua toutes sortes de manipulations en parlant tout seul. « OK. » OK, OK, nouveaux clics, nouveaux OK. « Ça y est. Sa télé est allumée. Bon. Nous avons la communication. Il y a une caméra juste ici. » Jerry montra la petite lumière en haut de l'écran, face au visage d'Emmanuel. « Maintenant parlez. »

Emmanuel restait perplexe.

« Parlez ! Maintenant ! Avant qu'il l'éteigne de nouveau.

– Allô ? » fit Emmanuel comme s'il essayait une nouvelle technologie pour la première fois, comme un membre d'une tribu primitive devant un iPhone. Jerry sourit et l'éloigna de la webcam ; Emmanuel s'en était tellement rapproché que la télé ne montrerait que sa bouche.

« Présentez-vous », dit Jerry.

« Docteur Alexander? Docteur Alexander? cria Emmanuel d'une voix de stentor. Ici Emmanuel Bentham du Projet Alaska. Désolé de vous déranger, mais nous avons une urgence. J'ai besoin que vous me téléphoniez immédiatement à ce numéro… »

Emmanuel se mit à énumérer des chiffres et Jerry dut intervenir. « Écrivez le numéro et tenez-le devant la caméra. » Il lui tendit de quoi écrire et Emmanuel gribouilla frénétiquement tout en répétant « Docteur Alexander, docteur Alexander... »

« Il a coupé le son. Il est réveillé. Il s'est servi de la télécommande.

– Comment tu peux le savoir ?

– C'est écrit ici. MUTE. Nous regardons le même écran. » Il indiqua le visage d'Emmanuel en temps réel. Comme s'il expliquait un livre d'images à un enfant, il dit : « Vous voyez le mot MUTE ? » Emmanuel s'égosillait encore. « Il a coupé le son. Vous pouvez arrêtez de parler, il ne vous entend plus. Vous avez dû crier vraiment très fort. Continuez de montrer le numéro. »

Le silence se fit. Emmanuel assis devant l'ordinateur de Jerry tenait un morceau de papier devant la minuscule lumière. Ils entendirent le chauffage se mettre en route dans la vieille tuyauterie de l'immeuble. « Il ne se passe rien, dit Emmanuel.

– Attendez. Donnez-lui une minute. Vous venez de le réveiller. »

Les secondes passèrent. Emmanuel était de plus en plus agité. Et soudain, venant de son bureau, une sonnerie de téléphone. Il regarda Jerry en riant, la tension disparaissait de son visage. « Tu viens d'obtenir une augmentation, petit. »

Le docteur avait bien insisté. Il était indispensable que les télépathes ne se rencontrent pas. Ils capteraient les images dans la tête de l'autre. Au bout de quelques minutes ils se souviendraient d'événements qu'ils n'avaient jamais partagés. Et au bout de quelques heures ils pourraient nouer entre eux des liens de confiance tels qu'on n'en trouve habituellement que dans les familles très unies. En une journée ils deviendraient plus proches que des jumeaux.

Isolez-les.

C'était un des principes fondateurs du programme. Supprimez tout risque de rencontre. Ne les laissez jamais, jamais, faire connaissance. Au début de la conversation le docteur était ensommeillé, mais il avait paru de plus en plus irrité en apprenant les faits, et à la fin il était furieux et inquiet. Il avait demandé plusieurs fois à Emmanuel ce qui lui avait pris. Ils avaient visiblement sous-estimé l'intelligence de Snowe et surestimé la folie homicide de Denny.

« Seigneur Dieu, nous sommes perdus », dit-il.

Emmanuel tenta de paraître confiant. « Nous allons nous en occuper.

– Je viens d'être présenté comme candidat à la direction du Groupe de développement des Nations unies, dit-il épouvanté.

– Tout va bien, docteur. Nous nous en occuperons.

– Je vous en prie… Je vous en prie faites-le. » Il ajouta : « Et appelez-moi sur mon portable dès que vous saurez que le problème est résolu. Je demanderai à la réception de me transmettre vos appels.

– Très bien.

– Et comment avez-vous réussi à arriver sur ma télévision, au nom du ciel ? C'est terriblement effrayant. »

15

« FBI. J'ai besoin de me servir de votre ordinateur. » Snowe posa son badge sur le comptoir du réceptionniste du motel. Il avait choisi le plus minable de l'autoroute. Ses années dans la police de Kearns lui avaient enseigné que les propriétaires d'hôtels minables étaient généralement aimables avec les représentants de l'ordre. Ils faisaient partie des rares qui étaient toujours ravis de voir arriver une voiture de police, il espérait que celui-là n'était pas l'exception et que son amabilité ne se limitait pas à la police locale.

Bien qu'assis dans un fauteuil, le réceptionniste obèse était en sueur. Deux écrans de télésurveillance affichaient l'image en noir et blanc du parking et celle de la réception où il se tenait. Snowe pouvait se voir debout en train de regarder l'employé inspecter son badge et sa carte. Il était en jeans et blouson de cuir et se trouva l'air fatigué. Il était sale et voûté, pas du tout conforme aux agents du FBI durs et professionnels des séries télé. L'autre écran montrait la vieille Toyota Corolla blanche sur le parking, et on distinguait clairement Denny dans son éternel costume, en train de donner des coups de tête au rythme d'un rap assourdissant. Difficile de trouver deux hommes qui ressemblaient aussi peu à des agents du FBI. Et c'était exactement ce que l'employé pensait aussi.

« Non », fit l'homme, et il repoussa le badge et la carte sans lever les yeux.

« Non quoi ? demanda Snowe incrédule devant tant de grossièreté. Non, vous ne me croyez pas ? Non quoi ? » Il commençait à postillonner de colère. En dehors d'une répugnance globale à l'égard de Snowe, l'employé n'avait en tête rien de lisible ni d'utilisable. Il ne pouvait même pas savoir si l'homme croyait ou non qu'il était du FBI, parce que la question lui importait si peu qu'il n'y pensait même pas. Il pensait à une prostituée noire d'une trentaine d'années qui s'arrêtait souvent au motel et qui était en retard ce soir-là.

« Sortez ou j'appelle la police », dit-il, et l'effort de parler parut l'avoir épuisé. Sa respiration devint sifflante.

« Très bien. » Snowe tourna les talons. Quand il rejoignit la voiture il éteignit la musique.

« Qu'est-ce qui ne va pas, mon frère ? »

Snowe, l'air découragé, lui raconta sans un mot ce qui venait de se passer. Denny sortit de sous son siège le Glock qu'il avait pris au policier quelques jours plus tôt. « Tu as ton arme ? »

Ordinairement, Snowe aurait refusé cette idée, mais la façon dont le bonhomme du motel l'avait traité, la certitude que Denny n'avait aucune intention de le tuer, le dépit et l'épuisement face à sa situation, tout se combina en une énergie brutale. Il savait que les caméras de surveillance étaient braquées sur lui et il s'en foutait. « Ouais. » Il attacha son holster et retourna résolument à la réception du motel, Denny à ses côtés.

« Fais en sorte que ce mec pense que tu es vraiment un agent du FBI, OK?

– On dirait que ça va être marrant. »

L'employé les vit arriver et montra cette fois une certaine émotion. De l'irritation à la vue de Snowe. *Qu'est-ce qu'il veut encore ce con ?* Et de la terreur quand il vit Denny. *Oh merde oh merde oh merde.* Avant que Snowe comprenne pourquoi Denny lui inspirait une terreur aussi immédiate, une plante en pot siffla près de son oreille et alla s'écraser contre la vitre épaisse qui protégeait le type dans son cagibi. Denny laissa Snowe se faire couvrir de terre et de débris de terre cuite et donna un coup de pied retentissant dans la porte en contreplaqué du cagibi. Elle s'ouvrit et l'obèse poussa un cri de jeune fille. Denny le saisit par les cheveux et lui cogna la tête sur sa table, aussi en contreplaqué, en causant plus de bruit que de mal.

« Nous avons des caméras ! piaulait-il. Ne me faites pas de mal ! Nous avons des caméras ! »

Snowe regardait, étrangement satisfait. Ça vous arrive souvent de voir la vengeance s'abattre sur les grossiers personnages de ce monde ?

« Tu avais ta chance avec le gentil flic, cria Denny en brandissant son arme. Maintenant c'est le tour du méchant. » Il arma son pistolet, prit un tabouret et s'assit face au bonhomme. Snowe était dans la tête de Denny et savait que c'était exactement le truc utilisé pendant son interrogatoire. L'occasion de l'appliquer à quelqu'un d'autre le réjouissait.

Denny lui fit un grand sourire à travers la vitre en sachant qu'ils s'étaient compris.

« Vous permettez que j'utilise votre ordinateur ? demanda Snowe.

– Il est dans la pièce du fond », gémit le type.

Snowe y entra. Un lit défait, un petit bureau. Ce devait être là qu'il dormait entre deux arrivées de clients et avait ses rendez-vous avec la pute. Il se retourna pour regarder l'employé qui détournait la tête du pistolet de Denny et suait de peur. Quelle vie, se dit-il. Ça lui rappelait les appels pour violences domestiques auxquels il avait si souvent répondu à Kearns. Les logements étaient toujours répugnants. Des saletés par terre, des lits défaits, des jouets d'enfants qui traînaient partout. Comment être aimable en vivant dans un tel endroit ? Quand une pute d'autoroute était la seule perspective, comment accueillir poliment des étrangers ?

L'ordinateur était un portable ouvert sur le lit, et quand l'écran s'éveilla Snowe ne fut pas surpris d'y voir un film porno. Il changea d'application et ouvrit un moteur de recherche. Les cinquante finalistes du marathon de Boston 2006. Il fit défiler la liste et ne trouva pas de Dobbs.

Merde. L'idée lui vint soudain que Denny et lui n'avaient peut-être pas été très malins de fonder tous leurs espoirs sur les paroles en l'air d'un marin qu'il avait vu trois heures en Alaska neuf ans plus tôt. Il fit défiler la liste au-delà des cinquante. Aucun Dobbs. Et si Dobbs et son frère n'avaient pas le même nom de famille ? Et si Dobbs avait tout inventé et n'avait pas de frère sportif ? Ou même pas de frère du tout ? Et si l'avoir dit à Denny faisait partie d'un plan tordu ? Aucun doute, tout le reste semblait bel et bien faire partie d'un plan tordu. Il rechercha jusqu'au centième finaliste. Dobbs avait peut-être exagéré les performances de son frère. Toujours pas de Dobbs.

Un moment. Avait-il bien précisé l'année ? Il chercha jusqu'au centième en 2005. Aucun Dobbs. En 2004, pas davantage. 2003 était la première année où le site avait enregistré les finalistes. Il cliqua dessus, fit défiler la liste jusqu'au centième, pas un seul ne s'appelait Dobbs.

Snowe alla jeter un coup d'œil à la réception où Denny attendait patiemment avec l'employé. Quand des clients se présentaient, Denny cachait prudemment son arme. Un couple âgé entra, regarda autour de lui, vit la terre et les débris de poterie par terre, Denny et le réceptionniste derrière la vitre pare-balles, et repartit.

« Des clients de perdus », dit Denny. L'employé se demandait seulement quand ils allaient le tuer. *Pourquoi ce type a dit qu'ils sont du FBI ? C'est clair qu'ils sont partis pour un sale coup, ça se voit ! Qu'est-ce qu'il fout dans ma chambre ? J'ai laissé le porno allumé ?*

Exaspéré, Snowe fit défiler la liste des finalistes de 2006 jusqu'au bout. Le numéro 445 s'appelait Gregg Dobbs. Le nom de la ville d'origine de chaque participant était indiqué. La plupart venaient de Boston. Dobbs était de Worcester, Massachusetts.

Merde. Sale menteur. Les cinquante finalistes, mon cul. Il chercha l'adresse de Dobbs à Worcester et la trouva. Merci mon Dieu. Pour une raison quelconque le moteur de recherche lui fournit également son âge, trente-neuf ans, pas loin de ce à quoi Snowe s'attendait. Dobbs était un nom répandu, mais il y avait de fortes chances que ce soit le bon.

« Je l'ai trouvé », annonça Snowe en sortant de la pièce. L'employé, terrorisé, était totalement vaincu. Snowe sortit deux billets de vingt de son portefeuille et les lui tendit. « En dédommagement des dégâts. »

Denny reprit l'argent. « Ne lui donne rien. Qu'il aille se faire foutre.

– Mais enfin, regarde cette pagaille. » Il lui arracha les billets et les déposa sur le comptoir près du type qui ne demandait qu'à les voir partir.

Denny haussa les épaules et aboya à l'intention du réceptionniste. « Hé ! » L'homme avait les yeux écarquillés. « C'est ton jour de chance, enfoiré. C'est un gentil, celui-là ! Dis merci !

– Bon Dieu, arrête un peu, dit Snowe.

– Merci, » fit l'homme. Sa voix était à peine audible.

« C'est bien, dit Denny en riant. Nous savons tout sur toi, rappelle-toi. Si tu appelles les flics, je vais chez Theresa et je la coffre pour trafic de drogue. »

« Qui est Theresa ? » demanda Snowe pendant qu'ils retournaient à la Corolla, et Denny répondit sans parler que c'était la sœur du bonhomme, qui se faisait des extras en vendant de l'herbe chez elle.

Le fait que Denny l'ait su troublait encore davantage l'employé. Pourquoi prétendre être agents du FBI pour ensuite lui ordonner de ne pas appeler les flics, tout en ayant des informations que seuls des flics pourraient connaître ? Il poussa un gros soupir de soulagement en regardant la Corolla déglinguée quitter le parking dans un crissement de pneus. Avec sa démarche de canard il alla examiner la porte défoncée. Ça n'était pas trop grave. Il décida d'empocher les quarante dollars, de nettoyer les dégâts et de ne plus jamais penser à l'incident.

« OK, dit Jerry. Il vient d'être refusé dans un motel sur l'I-95. Le Cranworth Motor Lodge.

– Refusé ? » demanda Terry. Elle jeta un œil à son compteur. L'aiguille s'affolait. Il valait mieux ralentir un peu. Elle ne voulait pas être retardée pour s'expliquer avec la police de la route, même si l'explication était bidon.

« Il est resté environ dix minutes avant de reprendre la route », dit Jerry, et elle l'entendit bâiller. Ce garçon était encore à son bureau à minuit passé. Emmanuel avait dû lui dire qu'il avait besoin d'une permanence de nuit. Les heures supplémentaires ne dérangeaient pas Jerry. Les jeunes d'aujourd'hui doivent avoir des cycles de sommeil différents des nôtres à leur âge, se dit Terry. De toute façon, s'il rentrait chez lui, il jouerait probablement en ligne jusqu'à l'aube. Alors pourquoi ne pas le faire en étant payé pour ?

Terry réfléchit. Pourquoi Snowe s'est-il fait refouler ? Il avait des papiers d'identité et probablement aussi de l'argent. « Et si tu appelais le motel pour savoir ce qui s'est passé ?

– D'accord. » Le ton n'était pas convaincu et Terry se rendit compte que ce n'était peut-être pas une bonne idée. Jerry était bien plus à l'aise avec les gens que la plupart des fous d'ordinateur qu'elle avait connus, mais si le personnel du motel n'était pas disposé à donner des informations, il ne saurait pas comment l'y forcer, et le paysage serait brouillé.

« Laisse tomber, mon chou. C'est loin ?

– Cent soixante-dix kilomètres, dit Jerry soulagé.

– J'y serai dans une heure. Je m'en occuperai moi-même.

– Soyez prudente. »

Tout en doublant un semi-remorque qui roulait à la vitesse limite, elle vit qu'il était 2h03. L'heure la plus dangereuse sur les routes, celle où les bars renvoient leurs clients à leur vie. Elle doutait quand même qu'il y ait trop de conducteurs ivres sur les autoroutes. Même eux savent que la police les surveille. Quand on est beurré, rien ne vaut les routes secondaires.

Elle cligna très fort les yeux. Elle sentait venir une migraine. Ça la prenait souvent tard dans la nuit, surtout si elle manquait de sommeil. Depuis qu'elle avait été opérée elle avait des maux de tête et quelques effets indésirables bizarres dont elle sentait qu'elle ne devait jamais parler à Emmanuel. Elle oubliait parfois le nom des objets les plus simples. Un jour elle avait voulu demander une cuillère à soupe à un serveur et n'avait pas pu se rappeler le mot. Que faire dans ce cas ? Dessiner une cuillère sur une serviette ? Mimer le geste de s'en servir ? Si elle commençait à oublier les mots les plus courants, les gens sauraient immédiatement que son cerveau était différent, et ça n'était pas bon pour l'avancement. Elle avait appris à dissimuler. Elle annonçait toujours que l'opération avait été un succès.

Épilepsie pendant son enfance. En voilà une bonne. C'était ce qu'ils lui avaient demandé de dire. Elle ne comprenait pas qu'aucun des télépathes n'ait jamais mis cette explication en doute, mais, au fond, pourquoi le feraient-ils? Ils se concentraient davantage sur ce qui leur arrivait à eux. Ils n'étaient pas chercheurs en neurosciences, ils ne savaient pas ce qui se passait. Les gens croient que la confiance se mérite, mais en réalité croire ce qu'on vous dit est, chez les humains, une configuration par défaut. C'est la méfiance qui se mérite. Ces deux hommes, Snowe et Denny, étaient les premiers à s'être méfiés d'elle. Snowe avait loué une voiture et l'avait laissée à Brooklyn pour essayer de l'induire en erreur. Elle était peut-être en train de perdre ses talents.

Elle se ressaisit. Non, elle était toujours aussi bonne. Mais elle avait mal jugé Snowe. Il avait pourtant l'air du flic typique, désireux de satisfaire consciencieusement les représentants de l'autorité. Elle était convaincue qu'il mettrait deux ou trois jours à retrouver Denny, et qu'il l'appellerait tous les jours pour l'informer. Ça lui avait pris une demi-matinée et il ne l'avait jamais appelée. Quelque chose avait déraillé. Terry aurait adoré savoir ce qui s'était passé dans l'appartement de cette imbécile de serveuse. Le Ground Zero du merdier.

Tout était de la faute du gardien de prison, Coffey, l'enfoiré qui avait fouillé sa mallette au siège de l'ONU. Elle se demanda ce qu'il était devenu, s'il travaillait toujours à la prison, s'il était retourné dans son mobil-home boire de la bière et chercher un boulot de concierge ou autre. Était-il marié ? Des enfants ? Elle ne le lui avait jamais demandé. Qui ça intéressait ? L'enfoiré, le sale fouineur, il avait fouillé dans ses affaires. Ce n'était pas un enfant, il avait servi dans l'armée, trois missions en Irak ou des trucs dans le genre, non ? Il aurait dû être plus malin.

Elle savait qu'elle avait été engagée pour ça, parce qu'elle ne perdait pas de temps avec toutes ces conneries de sympathie, d'empathie, ou quel que soit le nom qu'employaient à présent les psychologues quand on enchaînait les dépressions à causes des vilaines choses qu'on avait faites. TSPT, trauma-ci, trauma-là. Ressaisissez-vous, bon Dieu, pensait Terry. Tout le monde a ses cicatrices émotionnelles de nos jours. Nous devenons un pays de lavettes. Elle l'avait dit durant l'entretien avec les recruteurs dans son université près de Little Rock. Ils s'étaient regardés en souriant. La plupart des candidats avaient fini chefs de rayon à l'hypermarché local. Elle avait été envoyée à Washington où elle avait passé une batterie de tests psychologiques et intellectuels. Elle s'en était apparemment bien tirée. Au bout d'un mois elle avait un boulot dans une agence gouvernementale et l'accès privilégié aux informations les plus secrètes. Mieux que le rayon des accessoires de mode!

Une douleur fulgurante lui fit de nouveau cligner les yeux, mais elle disparut aussi soudainement qu'elle était venue. C'était peut-être le stress. À cause de ces deux emmerdeurs. Calme-toi. Tout ça sera réglé en vingt-quatre heures. Elle avait des vacances à rattraper. Cette année elle irait peut-être dans les Caraïbes. Elle savait qu'elle ne pouvait pas aller loin. L'année précédente Emmanuel l'avait fait rentrer des Bahamas parce que Jerry en avait découvert un nouveau à Austin, Texas. Il y en avait combien de ceux-là ? Trente ou quarante encore ? Elle était irremplaçable et personne ne pouvait partager son travail. Elle doutait que beaucoup de personnes ayant ses qualifications acceptent de subir une opération du cerveau. « Bricolage », avait dit le docteur. Il faudra peut-être un peu de bricolage. Comment s'appelait-il ? Alexander quelque chose ? Ou quelque chose Alexander ? Mais elle connaissait son visage. Elle l'avait vu très souvent sur CNN. Seuls les mots lui échappaient.

Combien étaient-ils ? Mais surtout, que se passerait-il après le dernier ? Terry n'y pensait pas beaucoup. Les projets à long terme n'avaient jamais été son genre. Tout allait bien dans le présent. Son travail était intéressant, elle avait beaucoup d'argent et sillonnait le pays en première classe. Quand ce serait terminé ils lui trouveraient autre chose à faire dans le même style. Le docteur pourrait peut-être lui rendre son cerveau d'origine.

Un gyrophare dans le rétroviseur. Elle roulait à plus de cent cinquante et ce type était en train de la rattraper comme si elle se promenait. Ces voitures de flics étaient rudement rapides.

« Jerry, j'ai un problème avec une voiture de police. Tu peux m'arranger ça ?

– J'appelle le coordinateur. » Il avait la voix vaguement pâteuse de quelqu'un qu'on vient de réveiller. « Ralentissez un peu pour qu'il puisse lire votre plaque officielle.

– D'accord. » Elle eut une nouvelle douleur qui cette fois lui coupa le souffle. La voiture de police arriva pleins phares derrière elle et elle ralentit encore davantage. Cent, quatre-vingts, soixante. Le policier était maintenant assez près pour lire sa plaque. Le coordinateur devrait bientôt transmettre le message de Jerry. Et en effet, la voiture de police se plaça à côté de Terry, éteignit son gyrophare et salua d'un coup de klaxon rapide. Terry lui répondit par un appel de phares et le policier s'éloigna.

Elle repartit à cent et passa devant un panneau publicitaire annonçant le Cranworth Motor Lodge à vingt kilomètres. C'était la photo d'une famille heureuse au bord d'une piscine avec la légende *Quand on s'amuse, le temps passe trop vite.*

C'est vrai, non ? se dit Terry.

À la vue de sa carte du FBI, le réceptionniste tressaillit. « S'il vous plaît, dit-il. S'il vous plaît, je ne veux pas d'ennuis.

– Quel genre d'ennuis…

– Vous pouvez vous servir de l'ordinateur ! cria-t-il affolé. Je vais vous le chercher ! » Il descendit pesamment de son tabouret, alla dans sa chambre et revint avec son ordinateur portable. Il le posa sur la table en contreplaqué et fit signe à Terry d'entrer. Elle remarqua la serrure abîmée.

« Qu'est-ce qui est arrivé ?

– Le type… » Il s'interrompit, paralysé de terreur. « Je ne sais pas. Je n'étais pas là. »

Encore une drôle de merde, pensa Terry. Pourquoi une telle panique? Pourquoi lui avoir apporté son ordinateur? Pourquoi cette serrure abîmée à la porte de son bureau? Pourquoi ce bleu au front? Apparemment Snowe et Denny ne s'étaient pas vu refuser une chambre.

Elle prit un tabouret et posa la main sur le bras de l'employé. « Bien, mon chou, commencez par le commencement. Dites-moi ce que ces deux hommes vous ont fait. »

Sa respiration sifflante ralentit. Il la regarda dans les yeux et y vit de la compassion. Il demanda d'une voix tremblante : « Ils n'étaient pas du FBI ?

– Ils étaient peut-être dans la base de données du FBI, répondit-elle avec un sourire cynique. Ils figurent sur notre liste des individus les plus recherchés. Ils se sont procuré des papiers d'identité du FBI Dieu sait comment. Mais non, je vous garantis qu'ils ne font pas partie du FBI et qu'ils ne reviendront pas.

– Et pour Theresa ? » Il ressemblait à un petit enfant.

Terry n'avait aucune idée de qui était Theresa, mais l'un des deux lascars avait lu dans les pensées de ce pauvre abruti et lui avait flanqué une trouille bleue. Denny, probablement. « Theresa ne risque rien, dit-elle en lui caressant le bras. Vous ne risquez rien non plus. »

Le coup de la caresse fit son effet. Il y avait probablement longtemps qu'une femme ne l'avait pas touché sans qu'il paie d'abord. Son visage s'illumina d'un sourire amical. « J'ai des caméras, dit-il fièrement. Je les ai fait installer l'année dernière. Vous pouvez tout regarder. »

16

Ça faisait tout drôle de revoir Denny sur une vidéo vieille d'à peine trois heures. Elle le retrouvait là, en train de jeter un pot de fleurs contre une vitre en Plexiglas, de faire voler une porte en éclats, d'écraser la tête d'un type sur une table.

Ce vieux Denny, toujours le même. Comme au bon vieux temps.

Snowe se contentait de regarder.

Ce qui faisait de lui l'intellectuel du duo. Il était allé dans le fond, loin des caméras, pour utiliser l'ordinateur. Ça expliquait pourquoi ce pauvre type lui avait collé un ordinateur dans les bras dès qu'elle était entrée. Ça signifiait que Snowe avait l'intelligence de savoir que s'il utilisait un ordinateur depuis une chambre d'hôtel où il avait été enregistré grâce à la carte de crédit qu'elle lui avait donnée, elle le retrouverait. Il s'employait à supprimer ses traces, et c'était mauvais signe. Il ne s'était pourtant pas rendu compte qu'elle pouvait encore le localiser grâce à son portable.

Terry consulta l'historique des recherches du réceptionniste. Elle n'avait même pas besoin de Jerry pour ça. Du porno, du porno et encore du porno. Seigneur Dieu. Elle doutait que Snowe et Denny se soient arrêtés au Cranworth Motor Lodge pour voir *Ménagères en chaleur 13*. Parmi tous les titres porno et XXX elle trouva deux recherches Internet. À 1h53.

« Quelle est l'heure sur cette vidéo, mon chou ? » demanda-t-elle.

Le réceptionniste rembobina, sa tête bondit du bureau, un pot de fleurs se recolla miraculeusement et sauta tranquillement sur la table, et Snowe et Denny passèrent la porte à reculons. Heureusement il n'y avait pas le son et cette bombe du FBI ne pouvait pas entendre ses piaulements féminins. En fait, sans le son, il avait l'air héroïque. Enfin, à peu près.

« Ils sont entrés dans les lieux à 1h51 », répondit-il en espérant se montrer sûr de lui et professionnel.

Donc c'était bien Snowe qui avait effectué cette recherche. Les cinquante premiers finalistes du marathon de Boston en 2006. Puis en 2005. Ensuite en 2004 et 2003. Ils n'étaient pas d'accord sur un détail ? Qu'y avait-il de si important dans ce foutu marathon pour qu'ils se soient arrêtés au milieu de la nuit et renseignés dessus ? L'autre recherche, Gregg Dobbs. Et son adresse. Ils avaient recherché un type qui avait couru le marathon. Pourquoi ? Aucune importance.

Parce qu'elle savait exactement où ils allaient.

Elle sortit le DVD du lecteur. « Nous en avons besoin. » Il resta bouche bée, elle lui fit un salut amical et quitta son motel avec la dernière preuve de la réalité des événements étranges de la soirée.

Elle prit sa voiture et rejoignit l'autoroute. Elle appuya sur le bouton d'appel de son volant et cliqua sur BUREAU. « Jerry, tu es là ? »

Silence.

« Jerry, réveille-toi ! » cria-t-elle dans le micro.

Elle entendit un pas traînant, un bâillement, puis la voix de Jerry qui s'était manifestement endormi : « Oui, je suis là.

– Trouve-moi tout ce que tu peux sur un certain Gregg Dobbs. » Elle lui donna l'adresse à Worcester, Massachusetts. « Vois s'il existe un lien entre lui et Snowe, ou Denny.

– 'cord », fit-il encore ensommeillé.

Elle accéléra de nouveau en éprouvant une agréable poussée d'adrénaline. Le mal de tête s'atténuait. Elle se sentait de nouveau très bien.

17

« C'est juste ici », dit Denny. Snowe se gara dans la rue tranquille et bordée d'arbres, en face de la petite maison en bois d'un étage. Beaucoup de maisons en bois par ici, comme dans le Michigan, pensa Snowe.

« Dans l'Oklahoma aussi, dit Denny en rappelant à Snowe qu'il ne pouvait rien lui cacher. Il y en a un peu partout dans le pays des maisons comme ça. »

La brume se levait et le jour pointait entre les branches des arbres. Snowe éteignit le moteur et le silence de la rue le frappa. Il s'était toujours imaginé vivre dans un quartier tranquille plein d'arbres, avec une femme et deux ou trois enfants, et une voiture convenable mais pas trop tape-à-l'œil. Il avait acheté la voiture et en était resté là. La rançon du métier, probablement. Ses collègues lui parlaient toujours des statistiques de divorce dans la police. La plupart de ses aînés au poste de Kearns étaient soit divorcés soit remariés. Pourquoi gaspiller de l'énergie et du temps sur un projet quand les chances sont contre vous ?

« C'est pire pour un trafiquant de drogue, dit Denny. Ça n'est pas précisément la carrière qui t'encourage à te marier et fonder une famille. »

L'idée n'était jamais venue à Snowe que Denny ait pu lui aussi, à un certain moment, envier ce genre de vie. « Tu écoutes tout le temps ce que je pense ? »

Denny rit. « Tu peux faire pareil. »

Snowe montra la maison où la lumière venait de s'allumer. « Il est six heures quarante-cinq. Trop tôt pour frapper à la porte, tu ne crois pas ?

– La lumière est allumée. »

Snowe ouvrit la portière et sentit le sang recommencer à circuler dans ses jambes dès qu'il mit le pied à terre. Il savait que c'étaient les premiers frissonnements de l'automne, l'époque de l'année qu'il préférait, celle où les feuilles commençaient à roussir, où il fallait un manteau pour sortir, et où tôt le matin de la buée sortait de sa bouche. Il sentait de l'humidité dans l'air. Il allait encore pleuvoir. Comment s'appelait la chanson de Dylan ?

« *A Hard Rain's Gonna Fall*, répondit Denny.

– Arrête de faire ça, tu veux ? » dit Snowe en claquant la portière.

Avant même qu'ils aient fait quelques pas, une porte s'ouvrit sur le côté de la maison et un homme en pantalon de survêtement et T-shirt sortit, pieds nus, un sac poubelle à la main. À la vue de Snowe et Denny il s'arrêta.

Snowe l'appela. « M. Dobbs ? »

M. Dobbs était grand et athlétique, exactement ce qu'on attendait d'un coureur de fond. Il était chauve et avait un air sérieux. Le cadre moyen type se dit Snowe. Planté à côté de sa poubelle, il était bien plus effrayé qu'il n'y paraissait. La peur et l'inquiétude se mélangeaient dans sa tête et il tentait de comprendre qui étaient ces deux-là. *Des flics ? Quelqu'un est mort ?*

« Tout va bien, dit Snowe en montrant son badge du FBI. Nous souhaitons seulement vous poser quelques questions. »

M. Dobbs ne connaissait pas grand-chose au FBI, mais il était sûr que des agents fédéraux ne circulaient pas en vieille Toyota Corolla avec l'air d'avoir dormi dedans pour pouvoir l'aborder quand il sortait la poubelle à six heures quarante-cinq.

« À quel sujet ? » Au même instant, un blondinet de quatre ou cinq ans apparut sur le pas de la porte et l'appela pour se plaindre de son frère qui avait fait une bêtise avec le lait des céréales. Il s'arrêta en voyant son père en conversation avec deux étrangers. « Retourne à l'intérieur, Aidan », dit celui-ci.

Aidan ne broncha pas. « Je t'ai dit de retourner à l'intérieur. » Le petit garçon rentra en courant.

« Au sujet de votre frère, dit Snowe.

– Mon frère ? Danny ? »

Snowe s'aperçut tout à coup qu'il ne connaissait pas le prénom de Dobbs et que cet homme pouvait avoir plusieurs frères. « Celui qui a servi dans la Marine. En Alaska.

– Doug. Vous voulez parler de Doug. »

Snowe recevait quelques images de Doug, le gars blond et souriant dont il se souvenait à la base d'Adak. Dans l'esprit de Dobbs c'était un adolescent qui écoutait de la musique dans sa chambre avec un casque. Il riait avec son frère à propos d'une fille du lycée qui leur plaisait. Doug, que Snowe n'avait connu que l'espace d'une soirée et qui avait changé sa vie, devenait soudain une personne entourée de gens qui l'aimaient. Il avait eu des coups de cœur pour des filles, il avait appris à conduire et il avait joué au base-ball avec ses frères. L'image d'une stèle apparut, gravée au nom de Douglas Dobbs, et Snowe vit des hommes portant un cercueil.

« Merde », dit Denny qui avait naturellement vu la même chose. C'était le premier mot qu'il prononçait. Dobbs fut définitivement convaincu que ce type n'était pas un vrai agent du FBI.

« Il est mort ? demanda Snowe.

– Vous êtes du FBI et vous ne savez pas que mon frère est mort ? Qu'est-ce que c'est que cette histoire ? »

Snowe et Denny, conscients de paraître mal préparés pour des enquêteurs fédéraux, se regardèrent en se demandant quoi faire.

« Vous n'êtes pas du FBI, n'est-ce pas ? »

Snowe et Denny l'admirent.

« Alors qui êtes-vous ? » Il adressa la question à Snowe, mais en regardant aussi Denny. *Ce type a l'air plutôt normal, mais l'autre fait peur. Des amis de Doug ? Et ils ne savent pas qu'il est mort ? Qu'est-ce qui se passe, bon Dieu ?*

« Je suis officier de police », dit Snowe. Dobbs lui lança un regard sceptique. « En réalité je suis dans la police de la route à Kearns, Michigan. J'ai connu votre frère quand j'étais dans l'armée, en 2006.

– Et vous ? demanda-t-il à Denny. Vous êtes aussi policier ?

– Non. » Dobbs attendit qu'il développe. Denny finit par ajouter : « Moi aussi j'ai connu votre frère. »

Ces types sont ceux dont il me parlait.

Snowe et Denny s'interrogèrent du regard.

« Il vous a parlé de nous ?

– Doug était très sociable. Il aimait tout le monde. Après avoir quitté la Marine il n'était plus le même. Un soir, environ deux semaines avant sa mort, il s'est mis à me raconter une histoire insensée. C'était… je ne sais pas… plus que bizarre. J'ai pensé qu'il était peut-être en train de perdre les pédales, de devenir fou.

– Qu'est-ce qu'il vous a dit ?

– Que la Marine l'avait envoyé dans une base isolée en Alaska. Il y avait là des types qui transitaient pour partir en Corée ou ailleurs. Et Dougie était chargé de les emmener dans un bar. Juste de les convaincre d'aller prendre un verre avec lui. Il était tellement liant que ce travail lui convenait parfaitement. Sauf que ça n'était pas un vrai bar. Le barman et les autres clients étaient des agents du renseignement militaire. Ils droguaient les types et les emmenaient quand ils s'étaient endormis. Dougie ne les revoyait jamais. C'est dingue, non ? »

Snowe et Denny demeuraient silencieux. Snowe essuya une goutte de pluie qui venait de lui tomber au milieu du front.

« Quand il m'a raconté ça, j'ai dit à ma femme que Dougie était devenu fou. Paranoïaque sans doute. Je pensais qu'il allait finir dans un hôpital psychiatrique. Il était très déprimé. Il se sentait coupable. »

Il y eut un bref silence, les trois hommes s'observaient en écoutant le bruissement du vent dans les branches.

« Vous faites partie de ces types, c'est ça ? Ça s'est réellement passé ?

– Oui.

– Ils vous ont opérés de la tête ou d'autres saletés de ce genre ? C'est ce que Dougie pensait. »

Comme Denny se taisait, Snowe répondit. « Je pense, oui. Ils n'étaient pas vraiment disposés à nous donner des informations.

– Je suis désolé.

– Hé, vous n'y êtes pour rien, mon vieux, dit Denny. Qu'est-ce qui s'est passé avec votre frère ? Vous pensez que les circonstances de sa mort étaient suspectes ?

– Oh non, non. Rien de ce genre. Dougie était un alcoolique. Après avoir quitté la Marine il buvait beaucoup. Il se soûlait pratiquement tous les jours. Son cas était désespéré. Il conduisait toujours en état d'ivresse. Un camion de livraison lui est rentré dedans deux semaines avant son trentième anniversaire. » Le regard de Dobbs s'embua. « Mais non, il n'y avait rien de suspect. »

Snowe se sentait soudain indiscret. Il s'en voulut d'avoir surpris cet homme sur sa pelouse au moment où il sortait la poubelle et de lui avoir rappelé cette tragédie.

« Vous savez qu'ils vous ont sélectionnés, n'est-ce pas ? demanda Dobbs.

– Comment ça ?

– Je ne sais pas ce qu'il y a de vrai là-dedans, mais Dougie disait qu'ils cherchaient des célibataires enfants uniques. Et dont les parents étaient morts. Ils ne lui ont jamais rien dit, mais il bavardait avec tout le monde et il a fini par le remarquer. C'était comme si aucun de ces types n'avait de famille. C'est... pardon... c'est votre cas ? »

Snowe sentit la colère monter. Les enfoirés. Ils sélectionnaient donc des personnes sans famille. Il était fils unique et sa mère était morte d'un cancer l'année où il était entré dans l'armée. Il avait perdu son père quand il était petit. Denny lui aussi était enfant unique et sa mère était morte dans un accident de voiture quand il était au lycée, accident très semblable à celui qui avait tué Doug Dobbs. Elle buvait et sombrait depuis des années. Son père avait été en prison presque toute la vie de Denny.

« Ils nous ont sélectionnés, murmura-t-il. C'est pas dégueulasse ?

– Désolé, dit Dobbs.

– Ça n'est pas votre faute, dit Snowe. Vous savez combien il y en a eu comme nous là-bas ?

– Je ne sais pas, moi... Il y en avait probablement... une centaine peut-être ? Je ne sais pas. Peut-être plus. Peut-être moins. Mais je sais qu'il y en a eu beaucoup. Dougie en était malade.

– Je suis sincèrement navré pour votre frère. »

Quelques gouttes commençaient à tomber. Les arbres s'agitaient de plus en plus. Le vent avait forci et la pluie menaçait.

Une averse violente s'annonçait. Ils se serrèrent la main et Dobbs s'éloigna. Puis il se retourna.

« Comment vous m'avez retrouvé ?

– Le marathon de Boston. Ils lui avaient probablement demandé de ne fournir aucune information personnelle, mais je suppose qu'il n'a pas pu s'en empêcher. Il nous a dit que vous étiez allé jusqu'au bout. » Snowe ouvrit la portière de la Corolla et fit un dernier signe à Dobbs. « Il était vraiment fier de vous. »

18

Snowe actionna l'antibuée et ils roulèrent dans des rues calmes de banlieue, accompagnés par le tambourinement régulier de la pluie sur le toit de la Corolla.

« Ça tient debout, dit Snowe. Nous aurions dû le remarquer.

– Quand j'ai commencé à réfléchir à leur façon de faire, à comment ça marchait, j'ai pensé qu'ils n'avaient choisi que les meilleurs. Tu te souviens des contrôles au lycée ? J'ai cru qu'un psychologue quelque part avait fait un test qui montrait que j'étais… disons, spécial. » Il rit de bon cœur. « Maintenant je sais que c'était seulement parce que mon père était en prison et ma mère décédée. Les ordures. »

Snowe ne répondit pas. Il regarda dehors. Il rejoignait l'autoroute en conduisant lentement et en s'arrêtant à tous les stops. « Hé, dit Denny. Je veux acheter un portable. Tu sais, un de ces téléphones pas chers qu'on trouve dans les stations-service. Pour appeler Angela. »

Snowe envia Denny qui n'était en fuite que depuis une ou deux semaines et avait déjà une relation plus sérieuse que lui. Il tira le téléphone de Terry de sa poche. « Tu peux te servir de ça. »

Denny regarda fixement le portable. « C'est quoi ce truc ? » Il y avait dans sa voix une inquiétude que Snowe aurait décelée sans être télépathe.

« C'est le téléphone que m'a donné la fille du FBI, Terry. »

Denny s'en écarta comme si c'était une grenade dégoupillée. « Nom de Dieu. Avec ça ils peuvent nous repérer. Ces machins ont un GPS intégré.

– Ne sois pas parano. Ils peuvent seulement savoir d'où nous appelons. Je ne m'en suis jamais servi.

– Putain, je croyais que tu étais flic. La moitié des gars qui vont en prison se font arrêter parce que leur portable a prouvé qu'ils se trouvaient sur les lieux du crime. Ils n'étaient pas en train de téléphoner non plus. Il suffit que tu aies le portable sur toi. »

Snowe était sceptique. « C'est rien qu'un portable, vieux.

– Pourquoi elle te l'a donné, à ton avis ? Il y a probablement un tas de merdes de repérage dedans. » La panique manifeste de Denny mit Snowe mal à l'aise. Il se rappela une affaire, à Kearns, où les enquêteurs avaient voulu utiliser un portable pour situer un type sur une scène de crime mais ils n'avaient pas réussi à le localiser exactement. Leurs efforts avaient même été tournés en ridicule par les blogueurs.

Denny, qui avait naturellement tout suivi, lança d'une voix tendue : « Ça s'est passé quand ? Il y a cinq ans ? Ils ont fait des progrès depuis. Ils y arrivent pour de bon. Ils sont peut-être en train d'écouter notre conversation en ce moment même ! Arrête-toi ! » Il indiqua une station-service avec plusieurs pompes. Snowe s'engagea dans le parking. Denny attrapa le téléphone et alla le jeter sur le siège arrière d'une Lexus rouge toute neuve, dont le conducteur était entré dans le magasin. Puis il retourna s'asseoir à côté de Snowe.

« Parfait, dit-il avec un sourire satisfait. Achetons deux de ces portables minables, ceux qui n'ont pas de GPS. Ceux dont se servent les Mexicains. »

« Bien, Terry… il s'est arrêté chez Dobbs. Il y est resté huit minutes. Actuellement, il revient dans votre direction. »

Le jour s'était levé sur l'autoroute du Massachusetts et Terry voyait une masse de gros nuages gris arriver droit sur elle. Depuis qu'elle avait quitté le motel elle avait mis ses essuie-glace mais elle dut les passer à la cadence maximale. Avec ce temps, elle ne recevait pas d'informations par satellite. Même si elle pouvait identifier la voiture que conduisaient ces types, elle ne parviendrait pas à la suivre.

« Tu as trouvé quelque chose sur Dobbs ?

– Je suis encore dessus », répondit Jerry tout à fait réveillé et efficace.

Comme Terry, il avait passé une nuit blanche, mais elle savait d'expérience qu'on peut très bien fonctionner quand le soleil se lève. Qu'on ait dormi ou pas, le corps se met en mode réveil. Le manque de sommeil ne frappe qu'après le déjeuner. Si on ne prend que du café en mangeant peu, on tient jusqu'à midi au moins.

« Où est le problème ?

– Je ne trouve aucun lien. Cet homme a passé le plus clair de sa vie dans le Massachusetts. Il est allé au Boston College. Il est ingénieur. N'a jamais mis les pieds dans le Michigan ou dans l'Oklahoma. Pour autant que je sache il n'a jamais eu de contact ni avec Denny ni avec Snowe.

– D'accord, continue quand même à travailler là-dessus. » Terry bâilla, s'étira et se frotta la nuque sans quitter la route des yeux ni ralentir. Elle se demanda s'il y avait un Starbucks plus loin. Naturellement, Jerry était capable de lui indiquer l'emplacement au centimètre près et de la guider si nécessaire. Mais elle voulait d'abord rattraper ces deux enfoirés. L'adrénaline était plus efficace que le café.

« Ils arrivent en sens inverse, dit Jerry. Vous allez vous croiser d'une minute à l'autre. »

Des voitures partout, roulant à une vitesse convenable. La prochaine sortie était à six kilomètres. « Quand ils me croiseront, dis-le-moi à la seconde.

– OK, mais il pourrait y avoir un décalage. »

Terry ralentit et prit la file de droite en vérifiant la circulation vers l'est. Des voitures et des camions. Rien de particulier. Un semi-remorque, un petit camion, une voiture blanche, une berline noire toute neuve, une rouge. Elle regrettait de ne pas mieux s'y connaître en voitures. Pour elle, elles se ressemblaient toutes. Des roues, des pare-brise et des portières. À moins que ce ne soit une Ferrari ou un vieux tacot qui lâchait de la fumée, il n'y avait vraiment rien d'autre à en dire. Une voiture rouge, une voiture métallisée, un autre semi-remorque.

« Maintenant ! dit Jerry. Vos signaux de GPS sont exactement au même endroit. Et… ils sont passés. »

Terry regarda les voitures qu'elle venait de croiser. Il n'y avait que deux candidats possibles, la voiture rouge et la métallisée. Elle accéléra et, ignorant plusieurs klaxons mécontents, traversa trois voies puis le gazon du terre-plein central. À présent elle roulait vers l'est. Une voiture de police la prit en chasse.

« Jerry, la police est de nouveau après moi. Tu peux m'en débarrasser ?

– Tout de suite. »

Terry fonça vers la voiture métallisée en remarquant que la circulation ralentissait. Comme si elle allait bientôt s'immobiliser complètement. La voiture de police arriva juste derrière Terry en klaxonnant.

« Merde, Jerry, tu ne peux pas faire quelque chose ? » hurla Terry. Le manque de sommeil et le coup de klaxon lui avaient mis les nerfs à vif.

Jerry hurla à son tour. « Le coordinateur ne répond pas encore. Donnez-moi une seconde. » Voilà ce qui arrive quand on engage des petits génies qui viennent de chez les bouseux et n'ont pas fait d'études supérieures, pensa Terry. C'est à l'université qu'on apprend à ne pas répliquer à son patron. Encore deux ans et notre département va partir en couilles avec tous ces petits branleurs super intelligents et gravement indisciplinés…

TOUUUUUUUUUUUT !

Le mec s'énervait. Terry sortit son pistolet du casier entre les sièges.

« Ce connard ne voit pas ma plaque officielle? » hurla-t-elle à personne en particulier. Elle posa son calibre 25 sur ses genoux et se mit à zigzaguer entre les véhicules en essayant d'apercevoir la voiture métallisée.

« Je viens d'avoir la coordinatrice, dit Jerry aussi calmement que s'il s'adressait à un malade mental. Elle parle en ce moment au policier. »

Lequel éteignit tout à coup son gyrophare, se plaça à côté de Terry et la salua d'un geste. Elle l'imita en faisant de son mieux pour lui sourire, mais elle sentit qu'elle montrait seulement les dents. Elle avait la respiration courte.

« Le type veut vous aider, dit Jerry. Il va vous escorter.

– Tu peux m'en débarrasser ?

– Je ne vois pas comment », répondit-il après une brève hésitation, sur un ton qui laissait entendre que la question était ridicule. Terry se rendit compte qu'elle l'était. Elle marmonna « nom de Dieu » en se demandant si Jerry pouvait l'entendre. Elle s'avança derrière la voiture métallisée qui avait ralenti presque jusqu'à l'arrêt en entrant dans une file devant un péage. Elle voyait deux têtes, le conducteur et le passager. Une plaque du Massachusetts. Merde. Probablement pas Snowe et Denny. Elle regarda dans le rétroviseur. La voiture de police était derrière elle.

« Jerry, où sont-ils ? » Elle se trouva une voix fatiguée. « Je suis à un péage.

– Ils ont franchi le péage. Ils sont à environ huit cents mètres devant vous. La bonne nouvelle c'est que l'autoroute est très encombrée. Ils avancent à moins de dix kilomètres à l'heure. »

Si le policier n'était visiblement pas prêt à la laisser tranquille, Terry pouvait peut-être l'utiliser. Elle s'arrêta et descendit. Il baissa sa vitre.

Terry nota qu'il était jeune et beau, avec la même innocence débordante de bonne volonté que Snowe. Un de ces gars qui disaient « Je suis entré dans la police pour rendre le monde meilleur » et y croyaient.

« Oui madame, dit-il quand elle fut près de lui. Qui recherchons-nous ? »

Terry regarda l'intérieur de son véhicule. Les sièges étaient propres, le matériel était rangé bien comme il faut. Pas de papiers gras ni de ceinture pendante sur le siège passager. Ce type était le règlement incarné. Elle lut son nom sur l'uniforme impeccable. Tolliver.

« Je vous remercie de votre aide, agent Tolliver », dit-elle en espérant se montrer convaincante tandis que les véhicules derrière eux commençaient à manifester leur désapprobation. « Nous recherchons une voiture rouge à huit cents mètres du péage environ. C'est tout ce que nous avons. Une voiture rouge.

– *Sergent* Tolliver, précisa-t-il avec un salut officiel. Suivez-moi. »

Quand Terry remonta dans sa voiture, Tolliver la conduisit à droite du péage, c'était encore plus rapide que la file de télépéage. Ils foncèrent sur la bande d'arrêt d'urgence en laissant les autres véhicules se traîner dans l'embouteillage.

« Jerry, tu m'avises dès que j'approche.

– Environ quatre cents mètres. »

Terry fit un appel de phares et s'arrêta, le policier aussi. Elle descendit et courut vers lui, elle tenait à la main une enveloppe kraft contenant les photos de Snowe et Denny.

« Oui, madame ?

– Voilà les photos des types que nous recherchons. Ils sont armés et réellement dangereux. Ayez votre arme prête. Et il vaut peut-être mieux que j'y aille la première. »

Tolliver était stupéfait. « Vous avez lancé un appel ? Je devrais peut-être demander des renforts ?

– Non ! » hurla Terry. Consciente du ton aigu de sa voix elle essaya de parler plus bas en reprenant calmement les photos. « C'est une opération gouvernementale et nous voulons qu'elle reste aussi discrète que possible. Je les suis depuis des jours. À nous deux nous devrions pouvoir les arrêter. »

Avant même que Tolliver ait eu le temps de soulever la moindre objection, Terry était remontée dans sa voiture et attachait sa ceinture. Elle savait ce qu'il aurait dit. Renforts, protocole, etc., etc. Ces types avec leur uniforme immaculé, leur crâne rasé, leurs « oui madame » suivaient probablement un protocole y compris pour se laver les dents. Avec des centaines de témoins bloqués sur la route et la présence du flic modèle, la situation était loin d'être idéale, mais Terry devait faire avec ce qu'elle avait.

« Jerry, où est-ce qu'on en est ?

– À deux cents mètres à peu près. »

Terry posa son arme sur ses cuisses, ôta le cran de sûreté et ralentit jusqu'à moins de trente à l'heure. Le crachin intermittent recommençait et elle actionna ses essuie-glace. Elle sentit une agréable et saine poussée d'adrénaline. Il fallait le faire, même si la plupart de ces types ne le méritaient pas, mais Denny était spécial. Il allait avoir ce qu'il méritait. Au bout d'une semaine de chasse et d'errance, le moment était venu de régler l'ardoise. Enfin « l'heure du dîner » était arrivée. Même s'il était à peine huit heures du matin.

Snowe allait être pris sous un feu croisé. C'était moche pour lui. Il avait l'air d'un type plutôt bien. Comme la plupart d'entre eux. Snowe avait accompli son unique tâche. Telle était la directive. Les opérations du cerveau étaient chères, on ne pouvait pas les laisser inutilisées, même si par la suite le programme tout entier se révélait un désastre. Il restait toujours quelque chose à sauver dans la pagaille. Denny avait accompli sa mission aux Nations unies. Celle de Snowe consistait à retrouver Denny. Tout le monde était gagnant.

Enfin, pas exactement gagnant.

Terry sourit en roulant au pas au milieu des bouchons.

Le premier, comment s'appelait-il déjà ? Bales. Merde, elle avait du mal à se souvenir des noms depuis son opération. Bales, ou quelque chose d'approchant. En revanche elle se souvenait clairement de son visage. Il était le premier à s'être manifesté, à l'époque où le programme donnait l'impression de pouvoir devenir un énorme succès. Ils l'avaient expédié en avion à Bagram, en Afghanistan, pour qu'il interroge un prisonnier taliban. Ça lui avait pris cinq minutes. Pas de simulation de noyade, pas de nudité forcée face à des chiens menaçants tenus à quelques centimètres des organes génitaux. Le taliban s'assit à une table, Bales entra, le questionna cinq minutes et ressortit. Le prisonnier n'avait pas dit un mot, mais Bales avait obtenu jusqu'à la dernière bribe d'information dont ils avaient besoin. Le lendemain, les forces spéciales avaient trouvé la cachette d'un des chefs les plus importants de la province de Helmand, au bout de trois ans de recherches infructueuses.

À l'avenir, plus de torture. Plus de prisons clandestines ni de transferts. Le docteur Alexander avait déclaré que ses télépathes étaient prêts à servir dans la sécurité des aéroports. Plus besoin d'enlever ses chaussures avant de prendre l'avion. Les États-Unis allaient regagner leur autorité morale perdue. L'Amérique reprenait les choses en main. Le docteur Alexander aurait obtenu le prix Nobel s'il avait pu dire à un seul être sur terre ce qu'il avait fait.

Et c'est alors que Bales avait commencé à se conduire… *bizarrement*.

Au bout de trois semaines passées à traîner au commandement central de Bagram, il se mit à parler à tout le monde comme avec des amis. Il cessa d'appeler un général « monsieur ». Quand on lui demanda d'interroger un vieillard d'un village sur les cachettes des talibans il refusa et disparut. On le retrouva des heures plus tard en train de jouer au basket avec des enfants afghans à l'extérieur de la base. Il demanda à un membre du Congrès de l'Indiana en visite s'il trouvait que la guerre était juste et raconta partout que le représentant de la CIA sur place avait une liaison avec un membre du personnel.

La voix de Jerry grésilla dans le haut-parleur de la voiture. « Plus que cent mètres. » Parmi les files de véhicules qui avançaient avec peine, Terry repéra une voiture rouge à quelques mètres devant elle à droite. Trop près, et en plus, la voiture rouge qu'elle avait vue avant était d'un modèle différent. Plus petite. Sans s'y connaître en voitures Terry avait la mémoire des formes. Celle qu'elle cherchait avait les arêtes marquées.

Bales était passé presque du jour au lendemain du statut d'atout à celui de fardeau. Et il n'était pas le seul. Deux autres recrues avaient eu le même type de comportement. Paniqué, le chef de la base avait appelé le docteur Alexander pour lui demander si c'était réversible. Alexander répondit que non. Quand Bales fut surpris en train d'expliquer tout ce qu'il savait sur le programme de drones à un officier pakistanais du renseignement dont on se méfiait, ils admirent qu'il y avait un problème.

Ils appelèrent Emmanuel Bentham.

Terry avait connu Bales à Fort Lewis, dans l'État de Washington, où il avait été réexpédié pour une prétendue nouvelle mission. « Je vais l'emmener dîner », avait dit Terry à Emmanuel sans y mettre aucune menace. Ils avaient dîné, bu quelques verres, et fait une agréable promenade sur un chemin de la base des Cascades, à quelques kilomètres de Fort Lewis. Le rapport officiel avait indiqué un suicide dû à un stress post-traumatique. Emmanuel avait été le premier à employer l'expression « emmener dîner » comme un code.

Puis tout s'était accéléré. Sans rime ni raison. On ne savait jamais qui serait le prochain. Certains se manifestaient immédiatement. D'autres restaient en sommeil pendant des années. Dans d'autres cas l'opération n'avait pas marché et ils ne faisaient jamais surface. Jerry avait mis au point un système pour repérer les cent quatre-vingt-trois programmés, après avoir remarqué des changements de comportement au moment où le processus se déclenchait.

Plus le temps pour un vrai dîner désormais.

« Bien, dit Jerry. Vous devriez arriver pile sur eux. »

Terry regarda attentivement. À quelques véhicules devant elle, sur la voie centrale, une voiture rouge correspondant à son souvenir. Le conducteur semblait être une femme, mais c'était difficile à dire. Probablement Denny ou Snowe avec une perruque. Ces deux-là devenaient malins. Terry plissa les yeux. Aucun doute, il y avait quelqu'un sur le siège arrière. Ça y était. L'heure du dîner. Elle prit l'arme sur ses genoux et ouvrit un peu son manteau pour la dissimuler. Aucune raison de terroriser des braves gens qui se rendent à leur travail. Et aucune envie que quelqu'un se mette à crier.

Ça l'arrangeait qu'il pleuve. Toutes les vitres étaient fermées. Même s'il y avait des cris, Denny et Snowe ne pourraient probablement pas les entendre.

Terry s'arrêta, descendit de voiture et se dirigea vers celle du policier derrière elle. Il montra la voiture rouge avec un regard interrogateur. Elle confirma. Il descendit. Elle s'accroupit et profita de la protection des véhicules bloqués dans l'embouteillage pour se faufiler derrière la voiture rouge et approcher par la droite.

Une plaque du Massachusetts. Merde alors. Quelque chose clochait.

Terry se glissa vers la portière et s'accroupit. Elle se redressa, jeta un coup d'œil vers la banquette arrière et s'accroupit de nouveau.

L'occupant du siège arrière était un petit garçon d'une dizaine d'années. Il y avait aussi un bébé.

Tolliver s'était rapproché côté conducteur. Tous les occupants des voitures voisines regardaient comme au cinéma. Terry agrippa la poignée de la portière et essaya d'ouvrir. Elle était verrouillée.

Le conducteur cria. C'était une femme. Une vraie femme qui décida dans sa panique d'écraser la pédale de l'accélérateur et percuta la BMW noire qui la précédait. Les airbags se déclenchèrent. Les enfants se mirent à crier.

Terry entendit la voix ferme et pleine d'autorité de Tolliver qui se trouvait de l'autre côté de la voiture rouge et frappait à la vitre. « Madame, descendez de votre voiture s'il vous plaît. Descendez. »

« QU'EST-CE QUI SE PASSE ! criait la femme. QU'EST-CE QUI SE PASSE !

– Qu'est-ce que vous foutez ? hurla le conducteur de la BMW qui était descendu pour évaluer les dégâts. Qu'est-ce qui vous prend ?

– Monsieur, remontez dans votre véhicule », intervint Tolliver. Il avait rengainé son arme, mais pas Terry. Elle se vit soudain un pistolet à la main au milieu de l'autoroute du Massachusetts en pleine heure de pointe, face à un accident dont elle était presque entièrement responsable. Bien que le bouchon semble en train de se résorber, des douzaines d'automobilistes, les yeux rivés sur elle, n'avaient aucune envie d'avancer. Le spectacle était trop passionnant.

« Madame, descendez de voiture », répéta calmement Tolliver à la femme qui criait toujours et dont l'airbag avait entièrement recouvert le visage de poussière. À l'arrière, le bébé hurlait. Le petit garçon regardait Terry sans la moindre expression, comme si ces choses-là arrivaient tous les jours.

Elle lui fit signe d'ouvrir la portière arrière. « Je ne peux pas », dit-il doucement à travers la vitre fermée. Il lui fit comprendre par gestes que sa mère contrôlait le verrouillage.

« Madame, ouvrez la portière. » La femme continuait de hurler.

« OH MON DIEU ! Quelqu'un avec une arme essaie d'ouvrir ma portière ! »

Le conducteur de la BMW, un costaud barbu en costume impeccable, s'approcha de sa vitre. « Regardez ce que vous avez fait, espèce de pétasse !

– Monsieur, remontez dans votre véhicule, répéta Tolliver.

– Voyez ce que vous avez fait à ma voiture ! Vous êtes malade !

– OH MON DIEU ! OH MON DIEU !

– Madame, ouvrez la portière. Monsieur, remontez dans votre véhicule ! »

À travers la vitre arrière, Terry vit que le bébé tenait un smartphone. Elle comprit tout de suite que c'était celui qu'elle avait donné à Snowe. Il l'avait probablement refilé au petit garçon quand la mère ne regardait pas.

L'homme cria encore : « Pétasse !

– Monsieur, pour la dernière fois, dit Tolliver d'une voix égale. Remontez dans votre véhicule avant que je vous arrête. »

La femme éclata en sanglots hystériques.

Terry se retourna, passa devant les badauds, monta dans sa voiture et s'éloigna.

19

«Jerry, il s'est débarrassé de son téléphone», dit Terry en filant sur la bande d'arrêt d'urgence en direction de la première rampe de sortie. Vers la 9, prochaine à gauche. «Il a mis le temps, mais il a finalement compris.

– C'est la tuile. Laissez-moi vérifier où nous les avons vus pour la dernière fois. Chez Dobbs à Worcester. C'est donc dans ce coin-là qu'ils ont dû s'apercevoir que le portable les localisait.

– En quoi ça nous aide?»

La réponse ne fut pas immédiate. «J'imagine que ça ne nous aide pas. Mais j'ai trouvé quelque chose sur Dobbs. Je vous passe Emmanuel.»

Aïe. Ça paraissait grave. Terry ralentit pour quitter l'autoroute et aperçut un panneau Starbucks dans une zone commerciale. Enfin du café. Elle entra sur le parking. «Qu'est-ce qui se passe, Manny?

– Ce Dobbs, son frère était dans la Marine.

– Télépathe?

– Non, il faisait partie du programme.»

Terry se gara. Le parking était une immense étendue d'asphalte pratiquement vide, à part quelques voitures rassemblées près de l'entrée du Starbucks. Le mal de tête revenait. «Manny, comment c'est possible?

– Je sais. Mais à en juger d'après leurs recherches Internet, ce type a dû leur dire que son frère courait le marathon de Boston. Alors ils ont déniché ce frère. Il est ingénieur à Worcester. Un type normal, semble-t-il.

– Nom de Dieu, Manny, je croyais qu'ils ne devaient JAMAIS donner de détails personnels…

– Je sais, je sais, dit Emmanuel comme pour la calmer.

– Et maintenant ces deux-là se sont donné pour mission de découvrir ce qui se passe. Merde.

– On le dirait bien. »

Terry respira à fond en écoutant la pluie tambouriner. « Bon, vous voulez que j'emmène ce Dobbs dîner ? »

Terry vit deux femmes sortir du Starbucks et ouvrir leur parapluie. Deux amies ou deux collègues qui commençaient une journée de travail ordinaire. Il y avait des moments où ce style de vie la tentait, mais elle savait qu'elle ne pourrait jamais le supporter. Elle n'était pas normale et ne l'avait jamais été. Même au collège elle avait eu des difficultés à nouer des amitiés. Elle cherchait toujours quelque chose de plus passionnant à faire, au risque d'enfreindre les règles et de s'attirer des ennuis.

« Mettons ça de côté pour l'instant. Mais je veux vous envoyer du renfort.

– Manny…

– Terry, je sais ce que vous allez me dire. Je sais. Mais vous n'avez pas conscience de la gravité de la situation.

– J'en ai tout à fait conscience…

– J'ai un homme tout près de vous. Il a toutes les qualifications et il est prêt à agir.

– Toutes les qualifications ? Manny, merde, vous avez déjà appelé quelqu'un ?

– Il est des services secrets, il est à Boston, et prêt à vous aider si vous en avez besoin, dit Emmanuel comme pour calmer un enfant en larmes. Écoutez, Terry, cette affaire doit être réglée, et nous ne pouvons pas nous permettre de ne pas utiliser toutes les ressources... »

Terry l'interrompit. « Je me contrefous de ses *qualifications.* » Emmanuel n'était pas à cheval sur le protocole officiel au bureau, mais elle comprit que la véhémence de sa réaction l'avait surpris. « Ces types sont télépathes, Manny. Quelles sont ses qualifications dans ce domaine ?

– Bon, écoutez, c'est comme ça et pas autrement. » La voix d'Emmanuel était ferme, fin de la discussion. « Je vous appellerai dès que nous aurons trouvé quelque chose. En attendant, restez où vous êtes. » Il raccrocha.

Terry frappa du poing sur le volant, tellement fort que le klaxon resta bloqué. Les deux femmes qui se dirigeaient vers leur voiture sous la pluie se retournèrent sur elle puis vaquèrent à leurs occupations.

Denny joua la désinvolture. « Salut ma puce. » Il se servait d'un des téléphones jetables que Snowe et lui avaient achetés dans une station-service juste après avoir rendu visite à Dobbs. Ils étaient restés un bon moment dehors à programmer leurs numéros respectifs et à faire des essais pour s'assurer que cette camelote marchait. Puis ils s'étaient arrêtés dans un motel miteux à la sortie de l'autoroute, à une demi-heure environ de Boston. D'un commun accord ils avaient demandé des chambres séparées et éloignées l'une de l'autre. Ça leur ferait du bien de n'entendre personne penser et de se reposer. La vieille dame grisonnante de la réception avait encaissé les billets sans poser de questions.

Mais Denny ne pouvait pas dormir. Il était inquiet à propos d'Angela. Il avait peur qu'elle s'inquiète pour lui. Ça n'était pas bien de disparaître de cette façon. Il avait mémorisé son numéro le jour où il avait lancé son affaire de drogue, au cas où Darius aurait besoin de le joindre.

Il s'étira sur son lit, heureux d'entendre la voix d'Angela. Il pensait à elle depuis que Dobbs avait expliqué que c'était parce qu'il était seul au monde qu'il avait été choisi pour subir une opération du cerveau. Il savait que leur relation n'avait aucun avenir. Il venait d'échapper au couloir de la mort et elle aimait dénicher des types louches dans le bar où elle travaillait. Pas le genre d'ingrédients qui font les grandes histoires. Mais c'était bon d'entendre la voix de quelqu'un d'ordinaire qui ignorait tout de lui. Avec toutes ses bizarreries, Angela était la seule chose normale dans sa vie.

Comme Angela se taisait, Denny comprit que quelque chose n'allait pas. Elle était fâchée parce qu'il avait passé la nuit dehors ?

« Brooks, mon Dieu. » Sa voix avait une douceur inhabituelle pour cette grande gueule au fort accent new-yorkais.

Il essaya de paraître gai. « Qu'est-ce qu'il y a, ma belle ?

– Brooks, où es-tu ? »

Denny se redressa. Il s'était passé quelque chose. Elle savait quelque chose. Son ton se durcit. « Enfin, qu'est-ce qui se passe ? »

Il sut qu'elle pleurait, même si elle essayait d'éviter qu'il l'entende. « Brooks, le FBI est venu. »

Merde. Il bondit et se mit à aller et venir dans la pièce.

« Il paraît que tu as tué un homme. Que tu as tiré sur un policier.

– ...

– Brooks, c'est vrai ?

– Oui », dit-il en soufflant lentement.

Elle poussa un hurlement. « TU AS TUÉ QUELQU'UN ! ET JE T'AI LAISSÉ DORMIR DANS MON LIT ! »

Denny ne s'attendait pas à ça. Nom de Dieu, calme-toi.

« Je me sens sale ! » C'était une mauvaise idée de l'appeler. « Tes mains m'ont touchée. Chaque fois que je pense à ce que tu m'as fait, j'ai besoin de prendre une douche.

– Arrête un peu. » Denny commençait à s'énerver. Il la trouvait un peu trop théâtrale. « Qu'est-ce que je t'ai fait ?

– TU M'AS MENTI ! » Il lui sembla qu'elle trouvait son compte dans cette dispute. Il aurait voulu être près d'elle pour savoir ce qu'elle pensait. Ça le déroutait de parler à quelqu'un sans tout connaître de ses pensées et de ses sentiments. Comme c'est le cas pour tout le monde.

Il tenta de la calmer. « D'accord, oui, bien sûr j'ai menti. J'allais t'en parler. Mais je devais d'abord te connaître mieux. » Il était sincère ? Peut-être, décida-t-il. Mais quel plaisir de parler simplement comme le commun des mortels. Alors il en rajouta. « Je te jure que j'allais t'en parler, chérie. »

Le silence d'Angela sembla durer une minute entière. « Brooks, finit-elle par dire, pourquoi tu aurais fait une chose pareille ? »

Il lui avoua tout. Elle se calma. Elle lui pardonna. Il lui présenta de nouveau ses excuses. Elle lui repardonna. Il savait qu'Angela était heureuse qu'il l'ait appelée. C'était rudement agréable d'avoir rendu quelqu'un heureux. Ils se dirent au revoir. Ils étaient tous les deux presque sûrs qu'ils ne se reverraient jamais, mais il y avait quelque chose de réconfortant à ne pas le dire.

La conversation avait duré 8 minutes 24 secondes.

20

Depuis la conversation avec Terry, le bureau était silencieux et l'atmosphère, tendue. Snowe et Denny avaient manifestement disparu, ils savaient qu'ils étaient pourchassés et comprenaient mille fois mieux ce qui se passait qu'aucun de leurs prédécesseurs. Emmanuel était en train de penser à l'avenir de sa carrière quand il tomba sur un titre du *Boston Globe* et une photo de Snowe et Denny en première page.

Tout était fini pour lui. Plus de promotion en vue. Sa maîtresse le quitterait bientôt. Il connaissait la chanson. Il allait être rendu responsable de tout. Il y aurait une commission d'enquête. Il allait devoir dire que le docteur, le général, l'amiral, le sénateur n'étaient au courant de rien, que l'idée était de lui. Terry et Jerry ne faisaient qu'obéir aux ordres. Il se trouvait exactement là où tous les reproches allaient se concentrer, et il savait qu'il devait l'accepter. Il était trop haut placé pour n'être qu'un exécutant, et trop en bas de l'échelle pour jouir de l'immunité réservée à l'élite. Au bout de quelques années quelqu'un pourrait peut-être le gracier, un général, un amiral ou un sénateur pourrait glisser un mot en sa faveur à un juge compréhensif. C'était le meilleur des scénarios envisageables. Trente ans au service de l'État foutus en l'air en un clin d'œil.

« Quelqu'un vient d'appeler la fille, dit Jerry.

– Quelle fille ?

– Celle de New York. Angela Cataldi. On vient de l'appeler du Massachusetts. »

Emmanuel sauta de son fauteuil. C'était impossible. Ces types-là couvraient leurs traces depuis vingt-quatre heures. Impensable. « D'où venait l'appel ?

– Le numéro ne sert à rien. Il est enregistré auprès d'un fournisseur privé qui ne vend que des téléphones jetables. Ils l'ont probablement acheté dans une station-service. Ni GPS ni rien. Une merde. Je ne peux même pas l'allumer. »

Emmanuel jura.

« Mais je peux surveiller le numéro. S'il téléphone de nouveau, je peux faire en sorte que nous entendions la conversation en temps réel.

– D'accord, vas-y. Et les antennes relais ?

– Elles étaient dans le Massachusetts, à Framingham. À peu près par là, près de la sortie de l'autoroute. La conversation a duré plus de huit minutes, relayée par une seule antenne, donc celui qui appelait est resté à la même place, il ne conduisait pas. » Jerry fit apparaître une photo satellite du secteur. « À mon avis, quelque part ici. »

Emmanuel examina l'image et fut soulagé qu'il n'y ait pas beaucoup de constructions. Il indiqua un bâtiment étroit tout en longueur, avec un grand parking, près d'une sortie de l'autoroute. « Qu'est-ce que c'est ? Un motel ? »

Jerry se livra à plusieurs manipulations. Emmanuel remarqua que l'ardeur illuminait son visage, malgré ses yeux injectés de sang et sa peau rougie et marquée parce qu'il s'était assoupi sur son bureau. « C'est le Framingham Motor Lodge. »

Nom de Dieu, pensa Emmanuel. Il envoya à Jerry une claque enthousiaste dans le dos. « Bon boulot, fiston. Où est Terry ?

– Elle est allée dormir à l'hôtel à Boston. Elle devait rentrer ce soir.

– Réveille-la. Le spectacle va commencer ! » Il leva les bras comme un athlète qui vient de marquer un but dans les dernières minutes. Jerry sourit et téléphona à Terry.

Emmanuel retourna dans son bureau et ferma la porte. Un numéro de téléphone était écrit au crayon sur un bloc à côté de son téléphone sécurisé. Il décrocha, réfléchit une seconde et raccrocha. Il s'assit, les yeux rivés sur ce numéro. Puis il reprit le téléphone et appela.

On décrocha à la première sonnerie.

« Allô, je voudrais commander de l'équipement de restaurant.

– J'ai besoin de l'adresse, répondit l'homme.

– Framingham Motor Lodge, juste à la sortie de l'autoroute.

– Je connais. J'y serai dans une demi-heure environ. »

David Kelly se regardait dans la glace. Dix kilos de trop. C'était ce qu'il fallait. Il avait passé quinze ans dans les commandos de marine, puis quatre en Irak et en Afghanistan comme entrepreneur privé, toujours dans une forme physique parfaite. Mais les guerres s'essoufflaient, et pour les emplois locaux les qualités physiques requises étaient différentes. Personne ne voulait plus d'un dieu grec. On recherchait monsieur Tout-le-Monde. Comment passer pour un représentant en matériel de cuisine quand on a le ventre plat et des muscles de félin ?

Il avait assisté à une foire de l'équipement de restaurants en Caroline du Sud et étudié une foule de manuels sur les chambres froides, les lave-vaisselle, les désinfectants chimiques, les machines à glace, les cafetières, les meubles de rangement et la vaisselle. Il pouvait réciter les stocks et les distributeurs. Il connaissait la différence entre les différents verres à whisky, leurs prix de revient, au détail et en gros. Restait cependant quelque chose qui le différenciait de ses collègues. Le dernier soir de la foire il avait retrouvé plusieurs représentants au bar de l'hôtel où il y avait un grand miroir derrière le comptoir. Il avait un air bien trop athlétique. Visiblement, la vente de matériel pour restaurants n'attirait pas ceux qui étaient obsédés par leur physique.

Il avait donc décidé de changer. Il avait adopté un régime strict de pâtisseries et de sucreries et cessé de courir dix kilomètres tous les matins, préférant manger des gaufres imbibées de sirop d'érable. La première semaine il se sentit horriblement mal. Mais au bout de quelque temps son corps s'était adapté. Le corps est une machine extraordinaire. Il s'habitue à tout.

Il alla au centre commercial s'acheter de nouveaux vêtements parfaitement banals qui correspondaient à sa nouvelle allure, et s'acheta également une voiture grise bon marché qui consommait peu. Il se laissa pousser les cheveux pour donner à son crâne rasé une toison de cadre moyen. Le plus dur fut de mettre sa Rolex au clou et de la remplacer par une merde chinoise avec un bracelet en cuir marron. Il adorait sa Rolex. Un seigneur de la guerre afghan la lui avait offerte en remerciement pour services rendus. Il le fallait, se dit-il en sortant de chez le prêteur sur gages. Le seigneur de la guerre aurait compris.

Puis il informa tous ses contacts du secteur privé qu'il était disponible. Et il ne se passa rien.

Pendant des semaines, Dave Kelly traîna en dépensant ses économies et en attendant son premier boulot. Aucun appel, aucun e-mail. Rien. Son compte en banque se vidait. Il avait imaginé un marché plus actif pour ses services. Sa vision du monde avait dû être façonnée par huit ans de guerre incessante. Il calculait qu'il lui restait à peu près six semaines avant d'avoir à payer son loyer avec sa carte de crédit lorsqu'Emmanuel lui téléphona.

Emmanuel connaissait certaines de ses relations et il avait l'air d'un type régulier. Il avait une urgence. Deux personnes, cent mille dollars. Cinquante mille par tête. Aucun frais de déplacement puisque Dave était de Boston et que ces gens-là se trouvaient en ville. Emmanuel lui envoya des photos à une adresse e-mail sur un réseau codé, avec un serveur sécurisé, et lui dit de se tenir prêt jusqu'à ce qu'il lui commande de l'équipement de restaurant sur un portable jetable.

Dave se dit que c'était le matin où la chance commençait à tourner. Il le méritait. Le moment était venu de toucher les bénéfices de ses efforts. À l'américaine.

Dave entra sur le parking du Framingham Motor Lodge et observa les environs. On entendait le ronronnement régulier de la circulation sur l'autoroute proche. Il trouva l'endroit vieillot et un peu miteux. Comment Emmanuel, qui était manifestement d'un niveau supérieur, était-il mêlé à un règlement de comptes avec des marginaux dans un endroit pareil ? Mais après tout, ça ne le regardait pas. Il attrapa sa vieille mallette, mit une casquette de base-ball à longue visière et des lunettes noires, au cas où il y aurait une caméra de surveillance, et se dirigea vers le comptoir de réception.

« Salut », dit-il à la dame d'un certain âge avec des lunettes trop grandes pour ses yeux vides et incolores. C'en était comique. « Je cherche deux types de mon entreprise, je pense qu'ils sont descendus ici.

– Désolée, dit-elle d'une voix dure et pas désolée du tout. Nous ne donnons pas de renseignements sur nos clients. Vous voulez une chambre ? »

Dave posa un billet de cent dollars et les photos de Denny et Snowe sur le comptoir.

Le billet disparut presque immédiatement dans la poche de jeans de la femme. « Celui-là est dans la 14. Celui-là dans la 8.

– Merci beaucoup. Je peux avoir une chambre à côté de l'un des deux, s'il y en a une disponible ? »

La femme consulta son ordinateur. « La chambre 9 est libre. Elle est à côté de celle de celui-là. » Elle indiqua la photo de Denny. « Mais elle n'est pas encore faite. Les clients viennent tout juste de partir.

– Aucune importance. Je la prends.

– Mais le lit n'est pas fait… rien n'est… »

Dave posa un autre billet de cent dollars qui fut aussitôt aspiré. La clé de la chambre 9 apparut. Il ne s'étonna pas que la femme ne lui demande pas ses papiers.

« Si vous les voyez, ne leur dites rien, dit-il en souriant. Je veux leur faire une surprise. »

La femme ne lui rendit pas son sourire, et elle le regarda d'un air morne retourner au parking sous la pluie. Il ouvrit le coffre de sa voiture raisonnable, en sortit une petite boîte noire contenant un Beretta 380 et un silencieux et la mit dans sa mallette. Il y ajouta un détecteur de métaux, puis sortit sa chemise de son pantalon pour ressembler davantage à un représentant éreinté, et s'achemina vers la chambre 9.

En passant devant la 8, il remarqua un léger espace entre les rideaux, suffisant pour apercevoir l'intérieur. Ça pourrait servir plus tard.

Dave jeta sa mallette sur le lit défait. Il colla l'oreille contre le mur et entendit la télé dans la chambre 8. Il se dit en souriant qu'il en avait pour cinq minutes. Il vissa le silencieux sur le Beretta qu'il posa sur le lit. Puis il mit des gants et poussa la télé jusqu'à la coiffeuse de façon à avoir une grande surface de mur nu. Il se servit du détecteur pour marquer l'emplacement de trois clous avec un marqueur jaune fluorescent et savoir où tirer.

Il cogna contre le mur en criant : « Silence là-dedans ! J'essaie de dormir ! » La télé était à peine audible. Jusqu'où on peut aller dans la connerie ? Dave sourit.

Il attendit. Silence. Le type ne réagissait pas. Ça pourrait lui prendre quelques secondes. Il regarda le Beretta qu'il avait toujours aimé, si facile à transporter, mais dernièrement il avait pensé changer pour quelque chose d'un peu plus gros. Avec une plus grande portée. Il le pointa vers le mur et attendit. Rien. Allons, combien de temps je dois me ridiculiser avant que tu bouges ?

Il cogna de nouveau contre le mur. « Hé, Ducon, y en a qui essaient de dormir ! »

Il entendit enfin quelqu'un se déplacer et s'approcher. Il regarda les repères sur le mur et cogna encore.

Le type cogna à son tour. « Va te faire foutre ! » Premier tir, à hauteur de la poitrine, exactement là où l'autre frappait. Deuxième tir, trente centimètres plus bas. Troisième tir, encore plus bas. Dave entendit une lampe s'écraser par terre. Silence.

Il colla l'oreille contre le mur pendant une bonne minute. Rien que la télé. Un documentaire sur les serpents. Merde alors, cinquante mille dollars vite gagnés. Mais il devait en avoir la confirmation. Il allait devoir vérifier à travers les rideaux de la chambre voisine. Même par cupidité, la vieille pute de la réception ne lui donnerait pas la clé. L'idée le fit rire.

D'abord la confirmation, ensuite on verra comment procéder avec le type de la chambre 14.

Il essuya les marques jaunes du mur, remit la télé à sa place, le Beretta et le détecteur de métaux dans sa mallette, ramassa les trois douilles et quitta la pièce. Il était content qu'il pleuve. Aucun curieux ne s'attarderait sur le parking. Il alla à la fenêtre de la chambre 8 et chercha à distinguer un corps par terre. Il n'y en avait pas.

Mais de l'autre côté de la vitre il y avait un grand mâle plein de vie qui pointait une arme sur sa gorge et qui tirait.

21

Les cobras royaux tuaient quarante mille personnes par an. Ils étaient incroyablement dangereux. Ce qui n'empêchait pas le jeune invité de la télévision australienne de plonger la main dans un sac pour en tirer un et le brandir devant la caméra en parlant du danger mortel qu'il représentait. Denny était subjugué. Il regardait le reportage depuis une demi-heure. Il n'existait pas d'animal assez dangereux pour que ce type n'aille pas l'emmerder. C'était un fou suicidaire, mais Denny lui accordait tout son respect.

Assis à l'arrière d'une jeep quelque part en Afrique le type était en train de parler des mambas noirs quand Denny entendit vaguement quelqu'un entrer dans la chambre voisine. Il n'y prêta pas attention. Puis il entendit gratter contre le mur et baissa le son de la télé. Scratch, scratch, scratch. Qui prend une chambre dans un motel pour déconner avec les murs ? Finalement, le bruit de la télévision déplacée le long de la coiffeuse.

Pieds nus, il s'approcha du mur. Quelqu'un avait l'intention de tirer à travers la cloison.

Qu'est-ce qui se passe, bordel ? Sur la pointe des pieds il alla prendre son Glock sur la coiffeuse et enleva la sécurité. *Le premier tir au niveau de la poitrine,* pensait le type. *Comme je ne connais pas sa taille exacte, la deuxième fois je tirerai trente centimètres plus bas, et la troisième, encore plus bas. Ça devrait faire l'affaire.*

BANG BANG BANG contre le mur. « Silence là-dedans, cria le type. J'essaie de dormir ! »

Denny resta figé. Merde, qui c'était ce type ? Comment il l'avait trouvé ? Il était lié à l'histoire de télépathie de Terry ou simplement maniaque du son de la télé de son voisin quand il descendait dans un motel ? Il s'accroupit derrière la coiffeuse en réfléchissant à cent à l'heure.

C'était parce qu'il avait appelé Angela ? Il pensait que son portable n'était pas localisable. Le type ne savait visiblement pas qu'il était télépathe. Pourquoi envoyer quelqu'un qui n'était pas au courant ? Ils pensaient qu'il ne pouvait pas communiquer à travers les murs ? Snowe allait bien ? Quelqu'un cognait aussi contre son mur ? C'était absurde.

Le type cogna de nouveau. « Hé, Ducon, y en a qui essaient de dormir ! »

Arrête, le son est pratiquement éteint. Quel trouduc. En se relevant à peine, Denny saisit la lampe sur la coiffeuse. Il enleva l'abat-jour et la tourna la tête en bas.

Il cria : « Va te faire foutre », puis, toujours accroupi derrière la coiffeuse, il frappa le mur avec le socle de la lampe.

Trois balles traversèrent le mur. La première lui arracha la lampe des mains qui s'écrasa sur le sol en brisant l'ampoule. La deuxième et la troisième frappèrent le lit. Puis ce fut le silence. Denny ne bougeait pas. Il entendait le type mettre de l'ordre. Frotter le mur. Puis il sut qu'il essayait de regarder par les trous minuscules qu'il avait faits. Qu'il pensait aux cinquante mille dollars qu'il avait gagnés. Mais avait besoin d'une confirmation. Et finalement, il réfléchissait au client de la chambre 14.

Donc c'était un tueur à gages et il allait descendre Snowe.

Denny entendit l'homme sortir de la chambre et il souffla. Ce gars se dirigeait maintenant vers la chambre 14. Il fallait prévenir Snowe. Quand il se redressa pour prendre son portable sur la table de nuit il se rendit compte que le type était devant sa fenêtre et regardait à l'intérieur entre les rideaux. Il portait une casquette de base-ball qu'il avait tournée à l'envers pour pouvoir coller le nez contre la vitre. Denny décida qu'il en avait marre de cet enfoiré.

Il lui tira dessus.

Le type se prit le cou à deux mains et recula sur le parking. Denny vit le sang jaillir de sa gorge, même quand il lui tourna le dos. Il avait l'air de marcher normalement. Puis il se mit à tituber. Il fit encore quelques pas avant de s'effondrer à côté d'une voiture. « Va te faire foutre », dit Denny.

Il retourna à la table de nuit prendre son portable, mais il sonna avant qu'il appelle. Snowe, naturellement.

« C'était quoi ça, bordel ? » Il avait entendu le coup de feu.

« Ils ont envoyé un tueur. Il a essayé de me tirer dessus à travers le mur. » Une dame sur le parking se mit à crier. « On doit se barrer d'ici, vieux.

– Nom de Dieu. J'arrive. »

Denny trouva une chaussure et l'enfila. Où était l'autre ? Meeerde ! Snowe frappa à la porte. Il alla lui ouvrir en boitillant.

« Qu'est-ce que tu as fait ? demanda Snowe.

– Regarde. » Denny lui montra les trous dans le mur.

Snowe était médusé. « Comment ils nous ont trouvés ? »

Denny serra les dents, l'air penaud. « Je crois que c'est ma faute. » Il tendit son portable. « J'ai appelé Angela.

– Oh merde ! » Il lui arracha le téléphone comme on arrache un jouet à un enfant qui a fait une bêtise. « À quoi tu pensais ? »

Ils entendirent un crissement de pneus et Denny ouvrit les rideaux. Snowe vit l'impact de la balle sur la vitre éclaboussée de sang.

« Les flics. Faut y aller. » Denny ouvrit la porte et s'enfuit avec une seule chaussure. Une voiture de la police du Massachusetts déboula sur le parking. Le policier avait eu le temps de voir Denny s'enfuir de la chambre, Snowe le savait, et exactement au même instant le flic l'avait vu, lui, sur le seuil.

Snowe savait aussi ce qu'il pensait. Les pires moments quand on répond à un appel et qu'on arrive sur les lieux, ce sont les premières secondes avant de pouvoir repérer les gentils et les méchants. Dans l'agitation ambiante il faut faire *quelque chose* pour affirmer sa présence. Le premier type qui s'enfuit peut tout aussi bien être une victime que le criminel. Si vous lui tirez dessus vous faites le jeu du meurtrier. Mieux vaut ne pas chercher à vous distinguer. Les renforts sont en route. Allez au plus facile. Et en l'occurrence le plus facile était Snowe, qui avait refermé la porte de la chambre 8 en s'interrogeant sur la suite.

Quelques minutes plus tôt il dormait à poings fermés. Il avait rêvé de la fille qui travaillait chez un concessionnaire de voitures, celle qu'il avait rencontrée dans un bar de Kearns quand il commençait à être télépathe. Dans son rêve tout se passait bien mieux que dans la vie réelle. Elle était impatiente de le suivre chez lui. Et soudain BANG. Il s'était réveillé et avait regardé dehors, où un homme la gorge en sang titubait sur le parking d'un motel merdique sous la pluie.

La réalité était horrible.

Il ouvrit la porte. Un jeune policier pointait son arme sur lui. Il soupira.

« SORTEZ DE LA CHAMBRE ! SORTEZ LES MAINS EN L'AIR ! cria-t-il bien qu'il ne soit qu'à quelques pas. Les mains sur la tête ! »

22

« Je suis officier de police, dit Snowe calmement. J'ai un badge dans ma poche.

– Sortez de la chambre. »

Snowe sortit, les mains sur la tête. La porte claqua derrière lui.

« Vous avez une arme ?

– Oui. Un Smith et Wesson calibre 40. Il est dans mon holster sous mon blouson. » Ce détail troubla le policier. Snowe savait qu'il ne le croyait pas. « J'ai un badge dans mon portefeuille. Je peux vous le montrer ?

– Allez-y, lentement… lentement. » En même temps qu'il sortait son portefeuille, Snowe s'aperçut qu'il avait toujours le portable de Denny à la main. Le policier le prit. Puis il examina le badge de Snowe.

« Où se trouve Kearns ?

– Dans le Michigan.

– Que fait un policier du Michigan dans le Massachusetts ? » Avant que Snowe puisse répondre, le policier tomba sur autre chose dans le portefeuille, la carte et le badge du FBI que Terry lui avait donnés. « Vous appartenez aussi au FBI ?

– Non, ils sont faux.

– Ah oui ? On les trouve dans des paquets de céréales ?

– Non, c'est… compliqué. Mais j'appartiens vraiment à la police.

– Hmm. Tournez-vous. Je vous menotte.

– Je suis agent de police, répéta patiemment Snowe.

– Ouais. Seulement voilà. Il y a un homme mort sur le parking. Et ce matin j'ai rencontré un agent du FBI, un véritable agent, qui m'a montré une photo de vous. Elle m'a dit que vous étiez armé et dangereux. Et je pense que celui qui vient de s'enfuir était l'autre dont elle m'a parlé. Alors tournez-vous.

– Elle est ici ? Dans le Massachusetts ?

– Tournez-vous. » Le policier leva son pistolet et Snowe fut convaincu qu'il était prêt à tirer. Le policier posa le portefeuille de Snowe sur le rebord de la fenêtre et saisit son arme à deux mains. « Tournez-vous.

– Il faut que vous m'écoutiez. Elle non plus n'appartient pas au FBI. C'est une meurtrière. Elle tue. Elle va me tuer parce que je suis télépathe.

– C'est mon dernier avertissement. Je vais tirer.

– Vous avez un chien qui s'appelle Rocky. »

Le policier fut interloqué.

« Votre sœur s'appelle Kendra et elle vient d'être acceptée à la Tufts Medical School. Votre anniversaire est le 18 octobre. »

Le policier regardait Snowe comme un enfant qui voit un tour de magie pour la première fois. « Comment… comment vous… » Il réfléchit. « Je pense à un chiffre entre un et…

– Trente-six.

– Merde, souffla Tolliver plein d'admiration. D'accord, je pense à un autre chif…

– Quarante-quatre. On peut y passer la journée…

– Qui va gagner le Super Bowl l'année prochaine ?

– Quoi ? Aucune idée. Je ne viens pas du futur. Je suis télépathe. Écoutez… » Il lut le nom de l'homme. « Sergent Tolliver, je m'appelle Jared Snowe. De la police de Kearns dans le Michigan. Cette dame que vous croyez du FBI est une meurtrière. Sa mission est de me tuer. Si vous m'arrêtez, je serai remis entre ses mains et elle me tuera. »

Le sergent Tolliver visait toujours Snowe, mais il avait remarqué qu'il l'avait appelé sergent et pas agent, ce que tout le monde faisait et qui l'énervait. Il baissa son arme. « Qui est ce type mort sur le parking ?

– Je n'en suis pas sûr, mais je pense que la dame du FBI devrait le savoir. Ce type a essayé de tuer l'autre, celui qui s'est enfui. » Il montra la porte derrière lui. « Les balles ont laissé des trous dans le mur de cette chambre. L'autre l'a tué en état de légitime défense. »

Tolliver ouvrit la porte. Il regarda rapidement à l'intérieur de la pièce. Snowe écouta ses pensées désordonnées avant qu'il décide quoi faire. « Allez-vous-en », dit-il finalement.

« Merci mon vieux. Prenez soin de vous. Ne parlez de ça à personne. »

Snowe prit le large avant que Tolliver ne change d'avis.

23

En arrivant au Framingham Motor Lodge, Terry vit trois voitures de police toutes lumières allumées. Elle avança et vit un homme mort trempé de sang contre une voiture blanche. Elle descendit, montra son badge et sous le regard stupéfait des policiers elle photographia le cadavre avec son portable. Puis elle s'appuya sur le capot pour envoyer la photo à Emmanuel, avec pour commentaire : *Ne pas envoyer un homme faire un travail de femme.*

Son téléphone sonna un instant plus tard. « C'est gentil, Terry. »

Elle conclut qu'elle s'était fait comprendre. « J'étais sur la fréquence de la police en venant. On dirait qu'ils sont à pied, pas loin d'ici. L'un des deux n'a qu'une chaussure, j'imagine que son premier arrêt sera donc un magasin de chaussures. Je viens de passer devant un centre commercial.

– D'accord. De quoi avez-vous besoin ?

– Voyez si Jerry peut se brancher sur le standard des urgences de la police de Framingham. Avisez-moi dès qu'il y a un appel intéressant.

– Je suis dessus », dit Jerry dans le lointain.

Depuis le parking Terry aperçut un trou dans la vitre d'une des chambres. Les traces de sang commençaient là. Elle comprit que le pauvre type avait voulu regarder à l'intérieur et qu'il était tombé sur Denny. À quoi avait donc pensé Emmanuel, bon Dieu?

Elle fit un signe d'adieu aux policiers, remonta dans sa voiture et se dirigea vers le centre commercial.

« Un magasin vient d'appeler, dit Jerry. Un homme vient de voler une chaussure dans la vitrine.

– Où ? » cria Terry en ressentant une poussée d'adrénaline. Elle écrasa la pédale de l'accélérateur et entendit ses pneus crisser quand elle pénétra dans le centre commercial géant.

« Williamson's, dans Worcester Road. Vous êtes tout près, c'est à quelques centaines de mètres plus loin, sur votre droite. » Terry roulait à plus de cinquante, les clients qui retournaient à leur voiture couraient en criant. Elle heurta un ralentisseur et se cogna la tête au plafond.

Un piéton hurla : « Connasse ! » Dans son rétroviseur elle vit quelqu'un lui faire un doigt d'honneur. Aïe. Encore un ralentisseur. Sa tête cogna de nouveau contre le toit. Williamson's. Là. Juste après, une énorme librairie appartenant à une chaîne, et tout au bout un Starbucks.

Et Denny, qui tournait le coin en courant.

Elle en était parfaitement sûre. L'homme lui ressemblait et ne marchait pas comme un client ordinaire. Elle heurta un nouveau ralentisseur et arriva à un passage piétons. Elle freina brutalement devant une femme qui poussait deux petits enfants dans un caddie et qui lui jeta un regard glacial. La femme lui montra le panneau *5 km/h* Terry lui adressa un sourire confus en marmonnant : « Laisse-moi passer, merde. » La femme pointa sur Terry un index menaçant. Elle la menaçait ! Terry eut envie de descendre de voiture, l'attraper par la peau du cou et lui écraser la figure par terre. Elle se mordit la lèvre et fit un autre signe de la main pour s'excuser. À l'instant où la femme ne fut plus devant sa voiture, Terry accéléra à fond tandis que l'autre tempêtait.

Elle arriva au bout du centre commercial, au niveau du Starbucks, et regarda à droite. Denny avait disparu. Elle fonça de nouveau et alla derrière le café.

Il était là, à une cinquantaine de mètres, et avançait rapidement.

Elle passa lentement, mais plus vite que lui, devant les bennes à ordures, les portes de service et les quais de chargement de supermarchés. Il portait des chaussures dépareillées. Quand elle fut à une dizaine de pas de Denny elle s'arrêta, descendit de voiture et ferma la portière.

Denny se retourna. Il sourit.

« Merde alors, regardez qui voilà. La seule personne intéressante que je connaisse. »

24

Snowe n'était allé nulle part. Il avait couru dans la direction opposée à celle de Denny et s'était rendu compte qu'il ne savait pas où aller. Comme il voulait éviter la route il entra dans un fast-food et commanda un hamburger frites. Il mangea en regardant les voitures passer sous la pluie et en essayant d'imaginer un plan.

Il déposa tout ce qu'il possédait sur la table en lino. Son portefeuille avec cent quatre-vingt-neuf dollars en liquide. Son téléphone portable, contenant un seul numéro enregistré, celui de Denny. Une clé de la chambre 14 du Framingham Motor Lodge. Et un pistolet calibre 40. Ses clés de voiture étaient restées dans sa chambre sur la coiffeuse et la voiture attendait sur le parking.

Et maintenant ?

La pluie continuait, régulière. Il vida son plateau dans la poubelle, puis il erra sur la Route 9 jusqu'à ce qu'il trouve une bibliothèque. Il entra et lut une revue pendant une demi-heure, puis il traversa pour entrer dans un drugstore où il acheta une serviette et un parapluie. Il s'abrita sous l'auvent pour s'essuyer puis décida qu'il s'était écoulé suffisamment de temps pour qu'il retourne au motel.

C'est ce qu'il fit en longeant l'arrière des bâtiments, un peu en surplomb par rapport à l'autoroute. Toutes ces voitures, tous ces gens avec une vie normale qui allaient quelque part. Au cinéma, dans un centre commercial, dans un supermarché. Comme c'était bon d'avoir une vie normale. Il ne l'avait pas appréciée à sa juste valeur, et maintenant il était trop tard.

Il arriva derrière le motel et jeta un œil aux alentours. Une ambulance s'éloignait, elle emportait probablement l'agresseur à la morgue. Il y avait deux voitures de la police du Massachusetts et du ruban jaune partout, mais les choses semblaient se calmer.

Snowe avait connu beaucoup de scènes de crimes, et elles présentaient toutes leur propre dynamique. Au tout début, une activité soudaine se manifestait, le ruban était installé, les curieux se faisaient refouler, le corps était recouvert. Elle était suivie de quelques heures fastidieuses passées à recueillir des témoignages et des indices. Puis c'était le rangement. Chacun ramassait son matériel et rentrait chez soi. On ne pouvait pas rester sur place éternellement. Il y avait toujours un dernier à quitter les lieux. À la fin, la scène de crime, l'endroit où quelqu'un avait vécu ses derniers instants, redevenait ce qu'elle était : un endroit comme un autre.

Pas grand-chose à recueillir ici. Il n'y avait pas vraiment de mystère. La caméra de surveillance du parking avait tout enregistré, et tous les professionnels étaient déjà entrés et sortis de la chambre de Denny. Elle avait apparemment été scellée en tant que scène de crime, toutes les mesures et toutes les photos nécessaires avaient été prises. Un homme avait été tué. Par Denny. Fin de l'histoire. Combien de photos, de déclarations de témoins et de douilles de balles fallait-il de plus ?

La question était : quelqu'un l'avait-il remarqué lui, Snowe ? Est-ce que le sergent Tolliver y avait mentionné quoi que ce soit ? Il décida qu'il y avait peu de chance. Quelqu'un était-il entré dans la chambre 14 ? Il voulait seulement y récupérer ses clés de voiture en vitesse, mais n'avait aucune envie d'ouvrir la porte et de se retrouver nez à nez avec une équipe de légistes. La voie semblait libre. Il ne pensait pas que la vieille peau ait fourni l'information que Denny était accompagné d'un homme, parce qu'alors les policiers fermeraient une autre de ses chambres. Il était sûr qu'ils n'avaient même pas remarqué que la sienne avait un rapport avec la scène de crime, et il ne restait plus à présent que deux voitures de police. Il se dit que s'il attendait encore une demi-heure environ elles partiraient elles aussi et qu'il pourrait se tirer de cet endroit.

Il regarda son portable. Nom de Dieu. Il avait pris le téléphone de Denny et le sergent l'avait emporté. Et Denny, où était-il ? Probablement caché quelque part sous un pont. Ce gars était un survivant. Tout irait bien pour lui, se dit-il.

Une des voitures éteignit ses lumières et quitta le parking. Il n'en restait plus qu'une. Un policier retirait le ruban du périmètre de sécurité. C'était l'heure du rangement. Presque la fin. Plus que quelques minutes.

Une grosse voiture grise arriva sur le parking et se dirigea vers le policier, le conducteur lui parla un instant. Une voix de femme, pensa Snowe. On aurait dit une voiture officielle. Merde, pourvu que ce ne soit pas un nouvel enquêteur. La voiture s'arrêta devant la réception, le conducteur en descendit et entra.

C'était Terry.

Merde alors. Terry était la seule à être au courant et elle devait être en train de montrer sa photo à la vieille chouette qui prétendrait ne l'avoir jamais vu, ensuite Terry réussirait à la menacer et elle lâcherait le morceau. Chambre 14. Terry sortirait, ce qu'elle faisait précisément en ce moment, examinerait les voitures sur le parking pour trouver celle que Snowe et Denny avaient amenée jusque-là. Elle remarquerait la plaque de New York de la Corolla, remonterait dans sa voiture et se garerait aussi discrètement que possible quelque part d'où elle verrait à la fois la porte de la chambre 14 et la Corolla. Et elle attendrait.

Le dernier policier disparut et Snowe jura. S'il était parti cinq minutes plus tôt, si Terry était arrivée cinq minutes plus tard, il serait déjà loin.

Terry alla se garer au fond, toute seule, près de la benne à ordures. Elle coupa le moteur. La pluie battante rendait la vue difficile. Il pouvait peut-être attendre une vraie trombe d'eau pour foncer prendre ses clés. Ou attendre qu'elle s'en aille. Elle finirait bien par s'ennuyer, non ?

Il la prenait pour qui ? Elle n'était pas un amateur. Elle ne se laisserait pas avoir par un peu de pluie. Elle n'abandonnerait pas.

Snowe sortit son arme, enleva la sécurité et s'enveloppa la main dans la serviette. Il était trempé jusqu'aux os. Des gouttes dégoulinaient de son nez et de ses cils, mais l'arme était au sec. Il contourna le motel par-derrière, traversa la Route 9, marcha jusqu'au bout de la rue et retraversa en sens inverse. Lorsqu'il atteignit la voiture de Terry il avait l'air d'être passé sous une lance à incendie.

Il actionna la poignée côté passager. Elle s'ouvrit. Il monta.

25

Terry ne montra même pas de surprise. Elle était en train de faire des mots croisés. Il fallait le reconnaître, elle avait du sang-froid. « Où étiez-vous ? » demanda-t-elle comme s'il arrivait en retard pour dîner. Il essaya de déchiffrer son expression et n'obtint rien. Ni de son esprit, ni de son visage.

« Où est Denny ? répondit-il.

– Brooks Denny a été capturé. Il est entre les mains de la police du Massachusetts. En ce moment même il est en route pour l'Oklahoma. »

Snowe se tut. À la vue de la serviette qui enveloppait visiblement une arme, elle lui lança un regard interrogateur. Il l'enleva et la jeta sur le sol.

« Gardez vos mains sur le volant. » Elle obéit.

« Je suppose que nous devrions vous remercier, dit-elle. Bien que vous ne m'ayez jamais appelée. » Elle lui sourit. « Vous êtes venu me rendre mon téléphone ? »

Snowe s'aperçut qu'il était venu sans plan précis. Ça devenait évident pour tous les deux. La pluie tambourinait sur le toit et l'intérieur de la voiture s'embuait.

« Que faites-vous avec cette arme, agent Snowe ? » Elle parlait lentement et distinctement, ce que Snowe trouva bizarre. Tout était bizarre.

Le stylo en argent dont elle s'était servie pour ses mots croisés lui parut familier. « C'est le stylo… de l'Asiatique, à l'ONU ?

– Oui. » Elle attendait sa réaction. Il essaya de comprendre. Comment diable Terry se retrouvait-elle en possession d'un des stylos qui avaient tout déclenché ? Il ne trouva pas la solution, mais tout ça n'était pas normal. « J'ai aussi celui en or. Vous voulez le voir ?

– Où est-il ?

– Dans le compartiment entre les sièges. » Ses mains avaient quitté le volant. « Ici, je vais vous le montrer.

– Remettez les mains sur le volant. »

Elle prit un air triste comme pour dire « Nous étions si bons amis », mais elle fit ce qu'il lui demandait. À la seconde où Snowe envisageait de s'enfuir en courant son téléphone sonna. Un étrange écho de la sonnerie se réverbéra dans tout le véhicule.

Une seule personne avait le numéro du portable de Snowe. Denny. Snowe leva son arme pour paraître plus menaçant, mais Terry ne fut pas impressionnée. À la deuxième sonnerie, le même phénomène d'écho se produisit, comme si quelqu'un s'amusait avec le haut-parleur. Snowe sortit le portable de son blouson et regarda l'écran. Denny. Naturellement.

Il garda son arme pointée sur Terry. « Allô ?

– C'est Jared Snowe ? » Il reconnut tout de suite la voix, l'accent du Massachusetts. C'était Tolliver, le sergent qui l'avait laissé partir.

« Oui, comment ça va ?

– C'est le sergent Tolliver.

– Oui, je sais. Quoi de neuf ? »

Terry le questionnait du regard, mais il vit que ses mains descendaient sur le volant.

« Mon vieux, vous aviez parfaitement raison au sujet de cette femme. Je viens de voir l'enregistrement de la caméra de sécurité à l'arrière de la librairie du centre commercial. Elle vient de tirer une balle dans la tête du type. Il n'était pas armé. »

La voix de Tolliver fut soudain noyée par les haut-parleurs. « IL SAIT ! cria une voix d'homme. Il sait que vous avez tué Denny ! »

En une seconde Snowe comprit. Quand il était monté dans la voiture, Terry était en conversation en utilisant le kit mains libres. Son correspondant avait dû tout entendre tranquillement. Et espionné le portable de Denny. Et il essayait de la prévenir.

Terry se pencha pour ouvrir le compartiment où elle avait dit que se trouvait l'autre stylo, mais elle n'avait aucune chance. Quelle que soit sa rapidité, elle avait plusieurs gestes à faire, tandis qu'il suffisait à Snowe de presser légèrement son index. Ce qu'il fit.

Une détonation retentit, Terry fut projetée en arrière et s'affaissa contre la portière.

Snowe cligna les yeux. « Oooooh », fit-il en la voyant sans vie, les yeux grands ouverts. Elle avait un trou dans le front, juste au-dessus de l'œil droit. Il se remplissait de sang qui gouttait sur son manteau.

« Terry ? » dit une voix dans le haut-parleur.

Snowe leva les yeux.

« Terry ?

– Terry est morte, mon vieux. » Il s'essuya le front avec la serviette qui se tacha de rouge. Il avait dû être éclaboussé de sang. Il la retourna et s'essuya soigneusement.

Il entendit l'homme soupirer tristement. Une voix plus jeune en arrière-fond demanda : « Nom de Dieu, il a tué Terry ?

– Mon petit, dit l'homme plus âgé d'une voix fatiguée. Vous vous rendez compte de ce que vous avez fait ? »

Snowe ouvrit le compartiment que Terry avait voulu atteindre. Il contenait un pistolet calibre 25 et le stylo en or. Il prit le stylo et ramassa celui en argent que Terry avait laissé tomber. Il en essuya le sang et mit les deux dans sa poche.

« Je vous emmerde », dit-il, et il ouvrit la portière.

« Attendez, attendez, attendez… »

Snowe claqua la portière, ouvrit son parapluie et se dirigea vers la Route 9. Son portable était resté sur le sol de la voiture. Il n'entendit jamais Tolliver dire : « Jared ? Qu'est-ce qui se passe bon Dieu ? »

26

David Kelly, un ancien agent du FBI, héros de guerre ayant effectué trois missions en Irak et en Afghanistan, a été tué mardi après-midi par un prisonnier évadé dans un motel à Framingham. D'après des sources gouvernementales, le fugitif, Brooks Denny, condamné pour meurtre, était en fuite depuis plusieurs semaines.

Ces mêmes sources indiquent que Denny a été tué quelques instants plus tard au cours d'un affrontement avec la police du Massachusetts dans un centre commercial voisin, au sud de la Route 9.

L'agent Theresa Dyer, âgée de 36 ans, a été tuée dans sa voiture devant le motel où était descendu Denny, nous informe la police du Massachusetts. Elle poursuivait Denny dans le Nord-Est depuis plusieurs jours. David Kelly semble avoir été tué alors qu'il tentait de lui venir en aide.

Un haut fonctionnaire du gouvernement désireux de garder l'anonymat a déclaré : « L'agent Dyer sera regretté de tous. Elle était unique en son genre. C'est une grande perte pour nous tous. »

Les amis de Kelly, natif de Wylie, Massachusetts, se souviennent de lui comme d'un voisin chaleureux et généreux qui s'adaptait avec plaisir à la vie civile après avoir combattu outre-mer à plusieurs reprises. Des voisins ont déclaré que ces derniers mois il travaillait à la création d'une entreprise d'équipement pour restaurants. Le maire de Wylie, Brian Roberts, a proposé de donner son nom à une Maison des jeunes.

Snowe replia le journal et le reposa sur le comptoir. Un homme âgé venait d'arriver seul et Snowe le lui proposa. « Si ça n'est pas le journal des courses ça ne m'intéresse pas. »

La veille, Snowe avait passé la soirée à écouter des types de la marine marchande, apparemment les seuls clients de ce bar, parler de leur vie. Il pensait avoir recueilli assez de souvenirs et appris assez de termes pour essayer d'embarquer avec l'un d'eux, et à présent, à sa seconde visite au bar, il cherchait une cible. Snowe savait que cet homme était capitaine, exactement ce qu'il voulait.

Le capitaine se rappelait un type du nom d'Eduardo Sanchez, un marin espagnol avec qui il venait boire dans ce même bar depuis trente ans. Eduardo était décédé l'année précédente et l'homme buvait un verre à sa mémoire en songeant vaguement au moment où ce serait son tour.

Snowe avait réfléchi à la façon de procéder. C'était un savoir-faire, comme tout le reste. Ça n'arrivait pas par hasard, comme on aurait pu le croire. Ça prenait du temps.

Le vieil homme appareillait le lendemain pour Liverpool. Snowe se dit que ça conviendrait. Il ne savait que deux choses sur Liverpool. Les Beatles venaient de là-bas, et c'était très loin. Il n'aimait pas mentir aux gens, mais il n'avait pas le choix.

« Excusez-moi, dit-il. Vous ne connaîtriez pas un homme du nom d'Eduardo Sanchez par hasard ? »

Le visage du vieil homme s'éclaira. « Bon sang, petit. C'était un de mes bons copains. Je pensais justement à lui. Il est décédé, tu sais.

– Oh non, dit Snowe déçu. Mon père sera désolé de l'apprendre. Lui et Eduardo ont été compagnons de bord pendant à peu près cinq ans, dans les années quatre-vingt. Ils travaillaient ensemble pour Maersk. »

Le vieil homme eut un sourire jusqu'aux oreilles. Il poussa un tabouret vers Snowe. « Viens donc t'asseoir ici, petit. »

Cet ouvrage a été achevé d'imprimer en décembre 2016
dans les ateliers de Normandie Roto Impression s.a.s.
61250 Lonrai
N° d'imprimeur : 1605219
Dépôt légal : janvier 2017

Imprimé en France